Das Wörtherbuch

Jörg Wörther

DAS WÖRTHERBUCH

Von Flußkrebsen,
Erdäpfelgnocchi,
Hollerkoch und
anderen Feinheiten der
österreichischen Küche

Mit Fotos von
Peter Angerer

Haymon

Die Drucklegung dieses Buches wurde unterstützt durch
Lohberger Heiz- und Kochgeräte Ges.m.b.H.
Porsche Austria Ges.m.b.H. & Co Generalimporteur für Porsche

Die in diesem Buch angeführten Gerichte können im
Hotel Restaurant Schloß Prielau, Hofmannsthalstraße 1,
A-5700 Zell am See konsumiert werden.

Fotos: Peter Angerer, Fotostudio Contraste,
Bachstraße 11, 5023 Salzburg

Lektorat: Dr. Ulrike Angerer

Die Deutsche Bibliothek – CIP-Einheitsaufnahme

Wörther, Jörg:
Das Wörtherbuch : Von Flußkrebsen, Erdäpfelgnocchi, Hollerkoch und
anderen Feinheiten der österreichischen Küche. Mit Fotos von Peter
Angerer / Jörg Wörther. -
Innsbruck : Haymon-Verl., 1998
ISBN 3-85218-266-2
NE: Angerer, Peter

1. Auflage Juni 1998
2. Auflage Juli 1998

Layout und Satz: Haymon-Verlag
Druckvorstufe: LaserPoint, Innsbruck
Druck und Bindearbeit: AthesiaTyrolia, Innsbruck

Inhalt

... oder die Liebe zum Kochen

Als Jörg Wörther Anfang der 90er Jahre in einem aufsehenerregenden Kochwettbewerb im Wiener Haas-Haus von Christian Millau und Joel Robuchon persönlich als österreichischer „Koch des Jahrzehnts" gekürt wurde, kannte ihn lediglich eine verschworene Fangemeinde. Die meisten, die von der spektakulären Auszeichnung in der Zeitung lasen, fragten sich jedoch: Wer ist das? Mittlerweile hat sich das geändert. Längst wird Jörg Wörther allenthalben als Shooting-Star und „Kochwunder" gefeiert. Und Wörther, der wie sein Lehrer und Vorbild Eckart Witzigmann aus dem Gasteiner Tal stammt, hat den Jugendstilfluchten seiner Bad Gasteiner „Villa Hiss", wenngleich mit ein bißchen Wehmut, ade gesagt.

Zur Freude seiner zahlreichen Stammgäste ist der gebürtige Salzburger dem Salzburger Land dennoch treu geblieben. Denn trotz weltweiter Angebote, die von Hamburg bis Barbados und von Berlin bis New York reichten, liegt Wörthers neues Domizil nur ein paar Kilometer von seiner einstigen Wirkungsstätte entfernt. Hier hat ihm die Familie Porsche in einem der schönsten Anwesen der Salzburger Gaue eine neue Wirkungsstätte zur Verfügung gestellt und dieselbe speziell für spitzengastronomische Ansprüche der erlesensten Art adaptiert: Schloß Prielau am Zeller See ist daher im wahrsten Sinn des Wortes taxfrei zum „Schloß am Wörther-See" geworden.

Im Unterschied zum Kärntner Original in der gleichnamigen TV-Serie geht's auf Schloß Prielau allerdings keineswegs klamaukig zu. Denn wo Jörg Wörther am Herd steht, da gilt es – bei allem Vergnügen, das diese Tatsache verheißt – auch stets der Kunst. Genauer gesagt: der Kochkunst. Denn wenn das Wörtchen Kunst in Zusammenhang mit einer so prosaischen Tätigkeit wie der Nahrungsaufbereitung irgendwo seine volle Berechtigung besitzt, dann bei Jörg Wörther. Im Gegensatz zu den meisten (auch vielen großen) unter seinen Kollegen ist er nämlich nicht nur professioneller (Kunst)-Handwerker, sondern tatsächlich Künstler.

Wie Mozart Melodien, so scheinen Wörther Gerichte einzufallen. Während andere über einer vierteljährlich wechselnden Speisekarte schwer ins Grübeln geraten, scheint Wörthers Kopf übervoll von funkelnden Ideen zu sein. Jede Zutat ist ihm Inspiration, er schafft es wie kein anderer, aus scheinbar dissonanten Ingredienzen vollendete Harmonien im wahrsten Sinn des Wortes zu „komponieren". Und wenn Wörther, was er besonders gerne tut, mit Gemüse arbeitet, dann ist er weit und breit der einzige, bei dem sich auch ein noch so eingefleischter Gourmet vorstellen kann, fürderhin zum Vegetarier zu werden.

Jörg Wörthers Liebe zu den Produkten aus der unmittelbaren Umgebung – vom Wildkräutl, das hinter dem Schloß wächst, bis zu den Edelkrebsen aus hauseigener Zucht – ist dabei fernab jedes spekulativ-modischen „Neuen Regionalismus“ angesiedelt. Adrette Supperln, Sülzerln, Haxerln und Braterln zuzubereiten, überläßt Wörther lieber anderen. Ebenso übrigens wie eine Küche der spektakulären Teller-Designs, der überzogenen Amuse-gueules, der ästhetischen Purzelbäume und der Anbiederung an den gerade vorherrschenden Gästegeschmack. Wo Wörther kocht, herrscht stets eine gewisse Strenge und Geradlinigkeit. Man könnte auch Klassik dazu sagen.

Jörg Wörther, der jahrelang als Eckart Witzigmanns eingestandenermaßen liebster Sous-Chef tätig war, haßt manieristische Schnörksel aller Art aus tiefster Seele. Auch wenn er mit einfachsten Zutaten kocht – und das tut Wörther überraschend oft –, ist das, was dabei herauskommt, stets große Küche. „Grande Cuisine pure“ gewissermaßen, und das auf allerhöchstem Niveau. Da wird jeder Jus, jeder Fond, jede Essenz mit geschmacklichem Kalkül und doch auch spielerisch eingesetzt. Da wird kaum gesalzen, aber dafür mit umso mehr Raffinesse gewürzt. Da ist die handwerkliche Brillanz so selbstverständlich, daß man sie auf den ersten Blick oft kaum merkt, dafür aber während des Kostens umso tiefer in Wörthers Küchenphilosophie eindringen kann.

Philosophie ist auf Schloß Prielau freilich weder ein Marketing-Konzept noch ein anderes Wort für Kochstil. Philosophie wird hier – als Liebe zur Weisheit – beim Wort genommen. Und da die Weisheit wie die Liebe nun einmal auch durch den Magen (lat. gastrum) geht, ist Wörthers Küche angewandte Gastrosophie in des Wortes schönstem Sinn.

Ein Essen bei Jörg Wörther ist daher nicht nur ein kulinarischer, sondern stets auch ein kultureller Genuß. Daher paßt seine Küche auch so gut nach Schloß Prielau, das Literaturfreunden und Kennern der Salzburger Festspielgeschichte als langjähriger Sommersitz Hugo von Hofmannsthals ein Begriff ist.

Gewiß wäre es nicht besonders originell, zwischen dem dichtenden Vorbewohner und seinem kochenden Nachfolger deshalb gleich unmittelbare ästhetische Vergleiche zu ziehen. Dennoch sei es am Schluß dieser kleinen Einführung in die Wörther'sche Kochkunst gestattet, auf eine auffällige Parallele hinzuweisen. Denn einen gemeinsamen Nenner haben Dichter und Koch auf Schloß Prielau in jedem Fall gemeinsam: ihren sicheren Instinkt für den guten Geschmack.

Christoph Wagner,
Zell am See, im Frühjahr 1998

Kleiner Streifzug durch meine kulinarische Entwicklung

Eigentlich wußte ich schon immer, daß ich Koch werden wollte. Meine erste bewußte Erinnerung ist ein Zeitungsartikel über Paul Bocuse, den mir meine Mutter gezeigt hatte. Da wußte ich, so ein großer Koch möchte ich auch werden. Der erste Schritt dazu war relativ leicht. In meiner Heimat Bad Gastein bot sich mir im Hotel Gasteinerhof eine Kochlehre an. Danach absolvierte ich das Bundesheer. Es war für mich keine Zeitverschwendung, da ich an der Gulaschkanone täglich rund 500 Essen zubereitete.

Über eine lehrreiche Zwischenstation in Bad Gastein bei Roland Gruber im Kongreßhaus führte mein Weg ins Sheraton München. Meine Zimmerstunden gaben mir die Möglichkeit, zu versuchen, dem Restaurant Tantris und Eckart Witzigmann näherzukommen. Meine Hartnäckigkeit verhalf mir zu Witzigmann's Worten: „Wennst Zeit hast, kummst hoid" und damit zu einer Stelle als Freizeit-Mitarbeiter.

Nach dem Engagement im Sheraton folgte eine Zeit bei Sepp Viehauser im berühmten „Le Canard". Nach vier Monaten kam endlich die Nachricht vom großen Chef aus München und ich wurde als ständiges Mitglied in die „Aubergine"-Mannschaft aufgenommen. Diese drei Jahre habe ich genützt!

Der weitere Weg ist großteils bekannt: Küchenchef im wiedereröffneten Grand Hotel de l´Europe in Bad Gastein und der erste mutige Schritt in die Selbständigkeit im Herrenhaus des „Europe", der Villa „Solitude". In dieser Zeit war ich mit „Aufkochen" und „Einkochen" gleichermaßen beschäftigt – ersteres brachte mir in kurzer Zeit zwei Hauben, letzteres die Steirerin Ursula. Dank ihrer Mithilfe wagte ich den nächsten Schritt meiner Eigenständigkeit und eröffnete die schöne Jugendstilvilla „Hiss". Das Resultat: Koch des Jahrzehnts und drei Hauben.

Im Dezember 1995 übernahmen wir als Pächter von Familie Dr. Wolfgang Porsche das Hotel Schloß Prielau bei Zell am See. Das Schloß aus dem 14. Jahrhundert mit großzügigen Parkanlagen in Seenähe ist als Hotel ein Kleinod sowohl für Tagungen in den Schloßräumen als auch für Hochzeiten in der einzigartigen Prielau-Kirche.

Gewohnt wird im Schloß, gekocht wird im ehemaligen Wirtschaftsgebäude nebenan, das Dr. Wolfgang Porsche nach meinen Vorstellungen in ein Top-Restaurant verwandelte. Diese optimalen Voraussetzungen brachten meine Fähigkeiten des Kochens in die internationalen Höhen der vier Hauben.

Meine Küche ist hauptsächlich von der großbürgerlichen Altwiener Küche inspiriert. Typisch österreichisch, mit seinen berühmten Produkten, und kombiniert mit saisonal notwendigen Zutaten aus dem Garten der Welt.

Einfachheit und Kompromißlosigkeit, Spaß am Kochen und Freude an gesunden Produkten – das ist mein Weg!

Der Koch und der Fotograf

Wann wir uns kennenlernten, weiß ich heute nicht mehr so genau. Aber schon während unserer Kindheit in Bad Gastein war klar, daß wir einmal etwas gemeinsam machen würden. Konkret wurde unsere Idee 1981. Bei einem Aufenthalt in Florenz war nicht nur bemerkenswert, daß wir abends immer wieder heimfanden (unser Hotel hieß Albergo), sondern auch, daß wir bei Conte Rossini das jetzige Buch konzipierten. Heute, nach 17 Jahren, ist es soweit.

Meine Kreativität und meine Leidenschaft für das Ursprüngliche kann nur jemand festhalten, der zumindest genausoviel davon hat – eben mein Freund Peter Angerer. Er hat seinen Weg ebenso konsequent verfolgt und besitzt heute das Salzburger Studio für Werbefotografie „Contraste". Er ist einer der wenigen österreichischen Fotografen, der sich auf die äußerst schwierige Lebensmittelfotografie spezialisiert hat. Wahrscheinlich deshalb, weil er selbst eine handfeste Leidenschaft fürs Kochen und vor allem für Wein hat. Da sein kreatives Potential mit Fotografieren, Kochen, Essen und Trinken noch lange nicht ausgeschöpft ist, hat er sich auch als Musiker und Schlagzeuger einen Namen gemacht.

Leitfaden zum Gebrauch der Rezepte

1. Gustieren Sie die Bilder und Rezeptbeschreibungen.
2. Wenn Sie sich für ein Gericht entschieden haben, schlagen Sie die dafür benötigten Grundrezepte auf und beginnen unbedingt zuerst mit diesen notwendigen Vorbereitungen.
3. Sobald Sie diese abgeschlossen haben, haben Sie die sogenannte „Mise en Place" fertig.
4. Jetzt erst schlagen Sie die Seite des Gerichtes auf und kochen das Gericht fertig.

Die Rezepturen

Sellerietascherln mit leicht geräuchertem Truthahnschinken

Der Truthahnschinken ist mild und ohne Pökelsalz oder sonstige Zusätze geräuchert und weich gedämpft.
Von den Truthahnknochen, die mitgeräuchert werden, kochen Sie einen Fond. Dieser Fond wird eingeköchelt und mit kalter Butter sämig gerührt. Nicht mixen.
Köcheln Sie die Pilze kurz mit und geben Sie die gekochten Sellerietascherln dazu.
Gemeinsam mit dem in feine Scheiben geschnittenen Truthahnschinken anrichten.
Das Gericht „Koch des Jahrzehnts" ist diesem Gericht ähnlich. Die Steigerung hierfür waren gebratene und gehobelte feste Steinpilze sowie geröstete Hahnenkämme, Basilikumblätter und Vogerlsalat als Beilage.

Erforderliches Grundrezept:
Sellerietascherln, Seite 114

Sellerietascherln mit Kaviar

Die weiße Buttersauce aus dem Fischfond zubereiten, mit Salz, Limettensaft und einer Prise Cayennepfeffer würzen.
Kochen Sie die Sellerietascherln kurz in Salzwasser und geben Sie sie in die heiße, nochmals aufgemixte Sauce.
Zuletzt Kaviar nach Ihrer Wahl daraufsetzen.

Erforderliche Grundrezepte:
Sellerietascherln, Seite 114
Weiße Buttersauce, Seite 117
Fischfond, Seite 116

Jacobsmuschel leicht geräuchert auf Sauerrahm und Wodkagelee

Die fertig geräucherte Jacobsmuschel lauwarm auf die kalte Sauerrahmsauce setzen.
Das gehackte Gelee bzw. durch eine Kartoffelpresse gedrückte Gelee mit einem Spritzsack (glatte Lochtülle Nr. 6) rundum aufspritzen.

Erforderliche Grundrezepte:
Geräucherte Jacobsmuscheln, Seite 120
Wodkagelee, Seite 121
Sauerrahmcreme, Seite 117

Waller „blau“ und poeliert auf Broccolicreme in der Lauchsuppe mit Kren

Den Fischfond köcheln Sie zu einer kräftigen Suppe, mit Lauchstreifen, gezupftem Zitronenthymian, Meersalz, Cayennepfeffer und einigen Spritzern Zitronensaft.
Das entgrätete Wallerstück „blau“ im Dämpfer mit der Haut nach oben, gesalzen und mit Cayennepfeffer gewürzt auf den Punkt garen.
Zur selben Zeit das zweite Wallerstück an der Hautseite im Olivenöl, ebenso gewürzt, anbraten. Nach und nach etwas Butter dazugeben und goldig braten, wenden und mit der Butter begießen, kurz vor dem Garpunkt mit wenig Fischfond angießen, reduzieren, den Waller wenden, nochmals angießen und reduzieren, sodaß ein goldbrauner Bratensaft entsteht.
Jetzt sind beide Wallerstücke fertig. (Machen Sie die Garprobe mit einer Gabel oder Nadel. Sie sollten keinen Widerstand beim Hineinstechen merken.)
Anrichten: Zuerst die heiße Broccolicreme in den Suppenteller, dann die beiden Wallerstücke, und mit der heißen Lauchsuppe begießen. Den Waller „blau“ mit geriebenem Kren bestreuen.

Erforderliche Grundrezepte:
Fischfond, Seite 116
Broccolicreme, Seite 125

Hechtnockerlsuppe mit Erbsen, marinierter Jacobsmuschel und Flußkrebsen

Köcheln Sie aus dem Fischfond eine kräftige, klare Suppe. Würzen Sie mit Meersalz, Cayennepfeffer und geröstetem Koriander aus der Mühle. Binden Sie die Suppe mit Topinamburcreme und etwas kalter Butter (nicht zu dick).
Jetzt schneiden Sie die rohe Jacobsmuschel in dünne Scheiben und marinieren Sie sie in Olivenöl, Meersalz, Koriander und Cayennepfeffer.
Die gekochten, ausgebrochenen, der Länge nach halbierten Flußkrebse geben Sie zu den marinierten Jacobsmuschelscheiben.
Hechtnockerln in siedendes Wasser mit einem Kaffeelöffel abstreichen und 1 min. ziehen lassen.
In die heiße, sämig gebundene, glatte Suppe die Hechtnockerln geben, blanchierte Erbsen, die Jacobsmuschelscheiben und die Flußkrebse.
Als Kräuter eignen sich Dill, Basilikum oder Estragon.

Erforderliche Grundrezepte:
Fischfond, Seite 116
Fischnockerln, Seite 120

Felchen geräuchert auf Dill-Hollandaise und Dampferdäpfeln

Da die Sauce Hollandaise leicht ¼ Stunde abgedeckt an einem warmen (nicht heißen) Platz stehen kann, sollte diese zuerst fertig sein. Die Dampferdäpfel ebenfalls gekocht und gesalzen heiß stellen.
Dann den Felchen räuchern und sofort anrichten.

Erforderliche Grundrezepte:
Sauce Hollandaise, Seite 117
Dampferdäpfel, Seite 121
Geräucherter Felchen, Seite 120

Dreierlei Zander

1. Roh marinierter Zander:
Zander in feine Scheiben schneiden und in Olivenöl, Salz, Zitrone, Cayennepfeffer und geröstetem Koriander (aus der Mühle) marinieren. Auf Vogerlsalat anrichten.
2. Kleine Zandernockerln:
Mit Kaffeelöfferl abstreichen und im Wasser ca. 1 min. siedend ziehen lassen. In Spinatsuppe anrichten.
3. Gebratenes Filetstück:
Nur auf der Hautseite und nur in Olivenöl braten. Mit Krebsensuppe anrichten.

Erforderliche Grundrezepte:
Salatmarinade, Seite 118
Fischnockerln, Seite 120
Spinatsuppe, Seite 118
Krebsenfond, Krebsensauce, Seite 116

Saibling im Ganzen gedämpft und Erdäpfel

Nach der klassischen Methode „Forelle blau" sollte auch dieses Gericht zubereitet werden. Das heißt: ein für die Größe des Fisches passender Dämpfer.
Würzsud bestehend aus Fischfond, weißem Essig, Lorbeerblatt, Pfefferkörnern, am besten grobem Meersalz und einer Scheibe von einer ungespritzten Zitrone.
Den entgräteten Saibling zugedeckt im Sud glasig dämpfen. Der Vorteil, daß der Fisch nicht mit seinen Gräten gegart wird, liegt darin, daß man den Fisch glasig, dadurch viel saftiger und mit viel mehr Eigengeschmack genießen kann.
Mit Gräten gedämpft muß der Fisch durchgegart sein, ansonsten bekäme man das Filetfleisch nicht von den Gräten.
Zuletzt geben Sie bereits gekochte Erdäpfelscheiben (festkochende Sorte) in die gemixte, köchelnde Fisch-Buttersauce. Als Garnitur legen Sie gebratene Erdäpfelscheiben und knackig gekochte grüne Spargelspitzen oder diverse grüne Gemüse dazu.
Den Saibling entgräten: Von der aufgeschnittenen Bauchseite ausgehend mit einem spitzen, kleinen, scharfen Messer die Gräten zum Rückgrat hin vorsichtig vom Filet schneiden. Mit einer Schere hinter dem Kopf das Rückgrat durchtrennen sowie auch an der Schwanzflosse. Von der Schwanzflosse beginnend, die Gräte mit Zeigefinger und Daumen haltend, mit dem Messer vorsichtig vom Rücken des Fisches mit kleinen Schnitten bis zum Kopfe hin rausschneiden. So sollte das gesamte Grätengerüst herausnehmbar sein, ohne daß der Fisch am Rückenfilet durchgeschnitten ist. Jetzt eventuell noch etwas mit einem Messer nachputzen.

Erforderliche Grundrezepte:
Fischfond, Seite 116
Weiße Buttersauce, Seite 117

Gefüllter junger Hecht, gebraten

Dies ist ein sehr aufwendiges Gericht.
Die Vorbereitung bzw. Zubereitung des Hechts (Filetieren) wird ein ausführliches Kapitel in einem der folgenden Wörther-Bücher sein.
Sollte bei einem Ihrer Besuche in meinem Restaurant dieses Gericht auf der Karte stehen, so müssen Sie es unbedingt bestellen.

Sellerietascherln mit Flußkrebsen und Polenta

Kochen Sie die Flußkrebse in Salzwasser ca. 3 min. Dann schrecken Sie die Krebse mit kaltem Wasser ab. Jetzt brechen Sie die Krebse aus, befreien sie vom Darm und legen sie in die aufgemixte, heiße Krebsensauce.
Die Sellerietascherln kochen Sie ebenfalls im Salzwasser ca. 3 min., je nachdem, wie trocken die Tascherln sind, und geben sie ebenfalls in die Krebsensauce.
Das Polentapüree zuerst anrichten und dann die nur noch heißen (nicht mehr kochenden) Krebse und Sellerietascherln dazugeben.

Erforderliche Grundrezepte:
Sellerietascherln, Seite 114
Krebsenfond, Krebsensauce, Seite 116
Polentapüree, Seite 122

Suppe vom Kalb mit roten Rüben und Leberknöderln „Salzburger Art"

Die geklärte Kalbssuppe mit rohen, geschälten, dünn geschnittenen Scheiben von jungen roten Rüben 10 min. köcheln. Würzen mit Salz und einer Prise Cayennepfeffer.
Die Leberknödel im Durchmesser von ca. 3 cm im Butterschmalz goldig ausbacken. Beim Anrichten der köstlichen Suppe streuen Sie noch einige Schnittlauchfäden darüber.

Erforderliche Grundrezepte:
Geklärter Fond für die Rote-Rüben-Suppe, Seite 115
Leberknödel „Salzburger Art", Seite 123

Suppentopf vom Bauernhuhn

Kochen Sie im Hühnerfond die Keulen weich – aus dem Fond nehmen und die Haut abziehen.
Geben Sie in den Fond eingeweichte, gut abgewaschene Rollgerstl, dann die Hühnerbrüste und köcheln Sie diese auf den Punkt. Aus dem Fond nehmen und die Haut abziehen.
Danach schneiden Sie die Brüste in Scheiben und die Keulen in kleine, nette Stückerln.
Kurz bevor die Rollgerstl weich sind, geben Sie in Scheiben geschnittene junge, geschälte Karotten und Navetten in die werdende Suppe. Sobald alles weich ist, geben Sie würfelig geschnittene, frische Champignonköpfe und in feine Scheiben geschnittene, eingelegte Reizkerpilze dazu sowie das geschnittene Hühnerfleisch. Schmecken Sie die Suppe mit Salz, frischem Majoran, Muskatnuß und Pfeffer ab.
Anrichten: In den Suppenteller geben Sie heißes Polentapüree mit etwas Kürbiskernöl verrührt und gießen die heiße Suppe darüber.
Mein Tip: Anstelle des Bauernhuhns können Sie auch Schwarzfederhuhn oder Bressehuhn verwenden. Das gleiche Gericht können Sie auch mit Kaninchen zubereiten.

Erforderliche Grundrezepte:
Geflügelfond, Seite 114
Polentapüree, Seite 122
Eingelegte Pilze, Seite 110

Taubenbrust in der Paradeisersuppe, Erdäpfelgnocchi und Périgord-Trüffel

Die Paradeiser werden gemixt und durch ein Spitzsieb geseiht. Anschließend läßt man sie rund 20 min. köcheln, salzen.
Die Taubenbrust wird von der Haut befreit und langsam in Butter rosa gebraten, in Scheiben geschnitten und in die heiße Paradeisersuppe gelegt.
Die Gnocchi werden gekocht und ebenfalls in die Suppe gegeben.
Die Périgord-Trüffel werden darübergehobelt. Als Kräuterl eignet sich Estragon vorzüglich.

Erforderliche Grundrezepte:
Paradeisersuppe, Seite 118
Erdäpfelgnocchi, Seite 122

Rahmsuppe mit grünem Spargel, Kümmel und Schwarzbrotcroûtons

Als Suppenbasis verwenden Sie eine Rindsuppe. Um die Suppe zu binden, geben Sie altes – in Milch eingeweichtes – Weißbrot, Süßrahm und einige Butterflocken dazu. Anschließend mixen Sie diese Zutaten so fein wie möglich.
Für ½ l Suppe benötigt man: 2 entrindete Semmeln, ⅛ l Milch, ⅛ l Süßrahm zum Binden.
Als Einlage dienen grüne, blanchierte Spargelspitzen, Würzpilze und Schwarzbrotcroûtons. Zum Schluß würzen Sie mit Kümmel, Salz, Pfeffer und geriebener Muskatnuß.

Erforderliches Grundrezept:
Rindsuppe, Seite 115

Gericht vom Steinpilz, Kerbelsauce

Die kleinen Steinpilze langsam ca. 3 min. in Butter braten und salzen.
Den größten Pilz in ca. 1 cm dicke Scheiben schneiden, mit Zitronensaft und Salz würzen, panieren (Mehl, geschlagenes Ei, trockene Brösel) und im Butterschmalz backen.
Als Tip: Damit die Panier locker und luftig wird, gebe ich etwas Zitronensaft zum Ei.
Die Kerbelsauce entsteht aus einem reduzierten Pilzfond, der mit kalter Butter sämig gemixt wird, und etwas Sauce Hollandaise. Zuletzt die gezupften Kerbelblätter dazugeben.
Pilzfond: Pilzabfälle wie Stiele usw. mit Suppe oder Gemüsefond 15 min. köcheln, dann abseihen.

Erforderliches Grundrezept:
Sauce Hollandaise, Seite 117

Gemüsesavarin auf Broccolicreme mit Zucchini, grünem Spargel und Flageoletsbohnen

Den bereits gebackenen und heiß getränkten Savarin belegen Sie mit blanchierten Zucchinischeiben und stellen ihn warm. Am besten in einem Dämpfer, in dem derselbe Sud vom Tränken ist.
Jetzt junge grüne Spargel in einem in der Größe passenden Topf mit wenig Wasser, Salz, Muskatnuß und einer Scheibe kalter Butter knackig köcheln, die Flageoletsbohnen dazugeben und zu einem leicht gebundenen, saftigen Gemüse machen.
Die heiße Broccolicreme anrichten, den heißen Savarin daraufsetzen und das feine Gemüse dazugeben.

Erforderliche Grundrezepte:
Savarin, Seite 131
Savarintränke, Seite 118
Broccolicreme, Seite 125
Flageoletsbohnen, Seite 127

Topinamburtascherln auf Topinamburcreme, Rote-Rüben-Saft und Kerbel

Die Topinamburtascherln im Salzwasser kurz kochen, mit einem Siebschöpfer herausnehmen. Danach geben Sie die Tascherln in eine beschichtete Pfanne mit heißer goldbrauner Butter und schwenken sie durch. Setzen Sie diese Tascherln auf die bereits heiß angerichtete Topinamburcreme. Zuletzt geben Sie heißen Rote-Rüben-Saft dazu und gezupfte Kerbel.
Rote-Rüben-Saft: Rohe rote Rüben schälen, in dünne Scheiben schneiden und in leicht gesalzenem Wasser mit etwas Kümmel und einer Knoblauchzehe zugedeckt weich kochen. Abseihen – somit haben Sie einen fertigen Rote-Rüben-Saft.

Erforderliche Grundrezepte:
Topinamburtascherln, Seite 126
Topinamburcreme, Seite 126

Zuckererbsengemüse mit Sauerampfer und Gnocchi

Die Zuckererbsen knackig kochen und kalt abschrecken.
Reduzierten Gemüsefond mit kalter Butter sämig binden, am besten mit dem Mixstab. Mit Salz und Muskatnuß würzen. Nun geben Sie die Zuckererbsen und gezupfte Sauerampferblätter in die sämige Sauce und kochen dieses Ragout einmal kurz auf. Die bereits in Salzwasser kochenden Gnocchi zum Ragout geben und anrichten.
Mein Tip: Anstatt Sauerampfer können Sie auch junge Brennesselblätter oder jungen Blattspinat mit etwas frischer Gartenminze verwenden.

Erforderliche Grundrezepte:
Gemüsefond, Seite 114
Erdäpfelgnocchi, Seite 122

Gefüllter Kohlrabi, rote Linsen mit grünem Spargel und jungem Fenchelgemüse

Zuerst den Kohlrabi, dann die roten Linsen, den grünen Spargel und das junge Fenchelgemüse zubereiten.
Anrichten: Den ausgehöhlten, heißen Kohlrabi auf einen Suppenteller setzen, mit dem Kohlrabikugeln- und Roten-Linsen-Ragout füllen und die grünen Spargel sowie fein geschnittenen Schnittlauch darüberstreuen.
Auf einem separaten Teller das junge Fenchelgemüse anrichten.
Hier eignet sich Fenchelkraut und Estragon als Kräuterl.

Erforderliches Grundrezept:
Gefüllter Kohlrabi, Seite 124

Junge, gefüllte Artischocken auf Topinamburcreme mit grünem Spargel und gerösteten Artischocken

Bereiten Sie ein Grundrezept nach dem anderen vor, salzen und stellen Sie diese heiß.
Anrichten: Zuerst die Topinamburcreme, darauf setzen Sie die mit Topinamburcreme gefüllte Artischocke, begießen dieses Gericht mit dem Artischockensaft und streuen die knackigen grünen Spargelspitzen darüber und zuletzt die gerösteten Artischocken.
Mein Tip: Sollte der Artischockensaft zu dünn sein, so können Sie mit einigen Tropfen Olivenöl und einer dünnen Scheibe kalter Butter eine leichte, geschmacklich perfekte Bindung erreichen.
Anstelle der grünen, jungen Spargel können Sie auch Varianten mit Zuckererbsen oder Pilzen probieren.

Erforderliche Grundrezepte:
Topinamburcreme, Seite 126
Artischocken, Seite 125
Geröstete Artischocke, Seite 125

Grünes Bohnengemüse mit gerösteten Topinambur, Spinatpüree und Selleriepüree

Kochen Sie geschnittene Bohnen im leicht gesalzenen Gemüsefond weich. Nehmen Sie die Bohnen mit einem Sieblöffel aus dem Gemüsefond. Die Bohnen schrecken Sie kalt ab (damit die Farbe bleibt).
Den Gemüsefond reduzieren Sie und geben die bereits geschälten und gekochten Flageoletsbohnen (Saubohnen), die abgeschreckten Bohnen und einige Scheiben kalte Butter dazu, sodaß eine leichte Bindung zum Ragout entsteht. Würzen Sie dieses Ragout mit Muskatnuß, einigen Tropfen mildem Rotweinessig, gezupfter Petersilie und wenn nötig noch einer Prise Salz.
Anrichten: Das heiße Spinatpüree, das heiße Selleriepüree, das Bohnengemüse und zuletzt die gerösteten Topinambur.

Erforderliche Grundrezepte:
Spinatpüree, Seite 124
Selleriepüree, Seite 124
Flageoletsbohnen, Seite 127
Topinambur-Chips, Seite 126
Gemüsefond, Seite 114

Auberginen gefüllt im Paprika-Paradeiser-Coulis und Gnocchi

Bestreichen Sie die gedünsteten Auberginenscheiben mit der Fülle und rollen Sie sie ein.
Die gefüllten Auberginen im Paprika-Paradeiser-Coulis zugedeckt wärmen, salzen und einige Tropfen Olivenöl zugeben.
Die Gnocchi in Salzwasser kurz kochen, in zerlassener Butter kurz durchschwenken und anrichten. Mit Estragon bestreuen.

Erforderliche Grundrezepte:

Aubergine, Seite 123
Paprika-Paradeiser-Coulis, Seite 123
Erdäpfelgnocchi, Seite 122

Feine Kalbskopfstreifen im Ragout mit Lauch, gebratene und gehobelte Steinpilze

Reduzieren Sie den Kalbsfond und mixen Sie ihn mit Scheiben von kalter Butter und etwas Obers. Würzen mit Salz, Cayennepfeffer und weißem Pfeffer. Köcheln Sie den gebundenen und gewürzten Kalbsfond auf und geben Sie fein geschnittene Scheiben vom Kalbskopf und rohe Lauchstreifen dazu. Sobald der Lauch weich ist, geben Sie zum Schluß einen Schuß köstlichsten Weißwein oder Champagner dazu.
Braten Sie feste, geputzte, fein geschnittene Steinpilze in Butter kurz beidseitig an; würzen Sie mit Salz und Muskatnuß und geben diese zum Ragout.
Zuletzt hobeln Sie mit dem Trüffelhobel rohe Steinpilze darüber.
Mein Tip: Sollten Sie weiße Trüffel haben, so hobeln Sie diese anstatt der Steinpilze über das zarte Ragout.

Erforderliche Grundrezepte:
Kalbskopf gekocht, Seite 127
Kalbsfond, Seite 127

Tatar vom Rinderfilet auf zweierlei Erdäpfeln und frischen Gartensalaten

Schneiden Sie das Rinderfilet in dünne Scheiben, dann in feine Streifen und sodann in feine Würferln.
Würzen Sie das geschnittene Filet mit:
fein gehackten und kurz blanchierten Schalottenzwieberln, fein gehackten Essiggurkerln, fein geschnittenem Schnittlauch, fein gehackter Sardelle und Kapern, einer Prise Majoran, Salz, Pfeffer aus der Mühle, Cayennepfeffer, einem Spritzer Zitronensaft, einem Spritzer Olivenöl und Eidotter.
Rühren Sie alles gut zusammen ab.
Einen Teil des Tatar auf einem heißen Erdäpfelpüree und den zweiten Teil auf heißem Erdäpfelrösti anrichten und rundum marinierte, kräftige Blattsalate setzen.

Gekochtes Beinfleisch auf Suppengelee mit Paprika und Häuptlsalat

Kochen Sie das Beinfleisch – am besten vom Pinzgauer Natur-Beef – und schneiden Sie es in Scheiben. Die Rindsuppe mit roten Paprikawürferln, Cayennepfeffer und Salz würzen und kalt stellen. Auf diese erkaltete, gelierte Rindsuppe richten Sie die gekochten, ausgekühlten Beinfleischscheiben an.
Zum Schluß garnieren Sie das Gericht mit kräftigen Blattsalaten – Kopfsalatherzen, Bachkresse, Schnittlauchfäden und geriebenem Kren. Weiters eignen sich Ruccola und Vogerlsalat als Garnitur.
Wenn sehr gutes Kürbiskernöl vorhanden ist, paßt dies ebenfalls sehr gut.

Erforderliche Grundrezepte:
Rindsuppe, Seite 115
Salatmarinade, Seite 118

Endivien-Vogerl-Salat mit einem Potpourri vom gebackenen Huhn und eingelegten Pilzen

Würzen Sie ausgelöste Stücke vom Huhn mit Salz, Zitronensaft und Olivenöl, panieren Sie diese und backen sie im Butterschmalz goldgelb.
Geputzte und gewaschene Endivienblätter in feine Streifen schneiden und marinieren.
Eingelegte Pilzköpfe richten Sie zum Endiviensalat an. Weiters geben Sie fein geschnittene, eingelegte Reizkerpilze dazu.
Die fertig gebackenen Backhenderlstückerln ebenfalls daraufsetzen.
Marinieren Sie frischen Vogerlsalat aus dem Garten und träufeln Sie einige Tropfen Kürbiskernöl in die Marinade und richten diese ebenfalls an. Zuletzt träufeln Sie rundum etwas Sauce Hollandaise.
Mein Tip: Anstatt des Bauernhuhns können Sie natürlich auch Schwarzfederhuhn oder Bressehuhn verwenden. Das gleiche Gericht können Sie auch mit Kaninchen zubereiten.

Erforderliche Grundrezepte:
Salatmarinade, Seite 118
Sauce Hollandaise, Seite 117
Eingelegte Pilze, Seite 110

Kalbsstelze gepökelt und gebacken auf Erdäpfelsalat und Rahmgurkensalat

Die Kalbsstelze in ungesalzenem Wasser ca. 3 Stunden weich köcheln. Die erkaltete Kalbsstelze vom Knochen lösen, von Adern und Flaxen befreien und Teile davon in 2 cm dicke Scheiben schneiden, würzen, panieren und in Butterschmalz goldig herausbacken.
Die restlichen Teile der Stelze im Sud wärmen und ebenfalls in 2 cm dicke Scheiben schneiden.
Die gekochten und die gebackenen Teile der Kalbsstelze auf dem Erdäpfel- und dem Rahmgurkensalat anrichten.

Erforderliche Grundrezepte:
Rahmgurkensalat, Seite 119
Erdäpfelsalat, Seite 119
Gebackene Kalbsstelze, Seite 128

Gedämpfte Lammschulter auf Broccolicreme, Blattsalate in Zitronenthymian-Marinade

Die in ihrem Sud liegende, fertig gedämpfte Lammschulter warm halten.
Die Broccolicreme wärmen und als Bett anrichten. Lösen Sie das Fleisch der Schulter vom Knochen. Ein schönes Stück Fleisch auf die bereits angerichtete Broccolicreme setzen, mit Pfeffer aus der Mühle und grobem Meersalz gut würzen sowie mit gezupftem Zitronenthymian bestreuen.
Die Salatblätter in der Zitronenthymian-Marinade gut marinieren und rund um die Lammschulter anrichten.

Erforderliche Grundrezepte:
Gedämpfte Lammschulter, Seite 129
Broccolicreme, Seite 125
Zitronenthymian-Marinade, Seite 119

Kalbsbries gebraten auf sauren, roten Linsen und Melanzani-Bohnen-Bouquet

Schön geputztes (von Adern und Häuten befreites) Kalbsbries, gut gewässert und trocken getupft, am besten in einer Tefalpfanne goldbraun in Butter braten. Salzen und pfeffern. Das leicht gesalzene Melanzani-Bohnen-Bouquet dazugeben.

Erforderliche Grundrezepte:
Melanzani-Bohnen-Bouquet, Seite 123
Saure, rote Linsen, Seite 127

Lammleber und Lammniere mit Blattspinat und Erdäpfeln

Am besten eine Leber und Niere vom Milchlamm im Ganzen braten. Braten Sie zuerst die Leber in viel Butter langsam, ca. 12 min., im Backrohr, das heißt: wenden Sie die Leber mehrmals und begießen Sie sie jeweils mit dem entstehenden Buttersaft. Geben Sie angedrückte, ungeschälte Knoblauchzehen und Kräuter wie Rosmarin und Zitronenthymian dazu. Vor dem Aufschneiden und Anrichten der Leber sollten Sie das Fleisch mindestens 5 min. zugedeckt ruhen lassen, damit sie zartrosa wird. Sodann die Leberscheiben salzen und pfeffern. In den Bratensaft geben Sie eine Prise Salz, einen Spritzer Estragonessig und gießen mit wenig Lammfond auf, dann reduzieren Sie den Saft bis zu einem glänzenden Safterl. Ein gekochter Dampferdapfel kann während des Bratens der Leber mit in der Pfanne sein.
Separat in einer Pfanne braten Sie die ganze Lammniere mit Olivenöl und etwas Butter.
Würzen Sie mit Salz und Pfeffer.
Anrichten: Den Blattspinat anrichten, die aufgeschnittenen zartrosa Scheiben der Leber und die Niere, die Erdäpfel und zuletzt das Natursafterl.

Erforderliche Grundrezepte:
Lammfond, Seite 116
Blattspinat, Seite 126

Gänseleber gebraten auf Polentapüree und Apfelgelee, Pilze

Die frische Gänsestopfleber weitgehendst von Adern befreien. Braten Sie die Gänseleber langsam, bei schwacher Temperatur im Ganzen in einer passenden, kleinen Pfanne in ganz wenig Olivenöl (Fett tritt genügend während des Bratens aus der Leber aus). Die Leber öfters in ihrem eigenen Fett wenden, würzen mit Salz, Pfeffer und Muskatnuß sowie einigen Tropfen Grand Marnier. Danach die Leber ruhen lassen, sodaß sie zart rosa wird.

Die aufgeschnittene Leber mit einem Hauch von Honig beträufeln und mit etwas Meersalz würzen.

Separat braten Sie einige Pilzköpfe in goldig-brauner Butter und träufeln etwas vom Gänseleberschmalz dazu. Salzen und pfeffern Sie die Pilze und löschen Sie sie anschließend mit einem Spritzer Grand Marnier ab.

Anrichten: Das kalte Apfelgelee, dann das heiße Polentapüree sowie die warmen Scheiben der Gänseleber und am Schluß die Pilze.

Mein Tip: Dieses Gericht ist auch köstlich mit dünnen kalten Scheiben von der rosa gegarten Gänseleber. Bei dieser Variante muß das Polentapüree heiß sein.

Erforderliche Grundrezepte:

Apfelgelee, Seite 137

Polentapüree, Seite 122

Knusprige Entenbrust auf geschmorten Weißkraut-Nudeln

Die Entenbrust in den köchelnden Würzsud mit der Haut nach unten legen und 4 min. am Herd köcheln. Umdrehen und ins Backrohr auf das oberste Gitter bei ca. 140°C Unterhitze und ca. 240°C Oberhitze geben.
Sobald die Haut bräunt, leicht salzen und mit Honig bestreichen; danach einige Male mit dem Würzsud begießen. Sollte die Haut etwas zuviel Fett haben, so stechen Sie mit einer Fleischgabel die Haut einige Male an – um so knuspriger wird die Haut.
Die letzten Minuten die Haut nicht mehr begießen, da sie knusprig und schön in ihrer Farbe werden muß.
Perfekt ist die Brust, wenn sie durch die geringe Unterhitze knusprig und das Brustfleisch noch zartrosa ist.
Anrichten: Zum fertigen, heißen geschmorten Weißkraut heben Sie breite, gekochte Nudeln darunter, richten dies an und setzen die geschnittene Entenbrust darauf. Den Würzsud reduzieren Sie etwas und binden mit wenig Maizena.

Erforderliche Grundrezepte:
Würzsud für Ente, Seite 115
Geschmortes Weißkraut, Seite 127
Nudelteig, Seite 121

Zweierlei Lamm mit zweierlei Spinat und zweierlei Erdäpfeln

Zum einen braten Sie eine Lammschulter ca. 2 ½ Stunden langsam, mit 2 Zwiebeln und 4 Zehen Knoblauch (angedrückt, in der Schale).
Wichtig ist, daß Sie die erste ½ Stunde mit Olivenöl braten und dann Butter dazugeben. Angießen sollten Sie nur mit Wasser, und erst, wenn die Schulter butterweich ist, salzen und eventuell etwas Thymian dazugeben. So bekommen Sie einen glänzenden, wohlschmeckenden Saft.
Das Rückenstück braten Sie in der Pfanne ca. 10 min. nicht zu scharf, sodaß es zartrosa wird. Würzen mit Salz, Pfeffer und zuletzt einigen Spritzern Zitronensaft.
Der Blattspinat wird weich blanchiert, gemixt und mit Butter sämig gerührt – somit haben Sie den Cremespinat. Um den Geschmack des Cremespinats zu vervollkommnen, sollten Sie etwas braune Butter einrühren und mit Muskat und Salz würzen.
Den Blattspinat nur kurz blanchieren und auf die gleiche Art und Weise würzen.

Erforderliche Grundrezepte:
Erdäpfelrösti, Seite 122
Erdäpfelpüree, Seite 121

Filet vom Naturrind und geschmorter Schulterspitz mit Rahmkohlrabi und Erdäpfelpüree

Den Schmorfond köcheln Sie und binden ihn mit etwas Maizena (eventuell mit einer braunen Mehl-Butter) sämig und würzen die Sauce mit Salz und Pfeffer sowie mit einer Prise getrocknetem Majoran. Den butterweichen, aufgeschnittenen Schulterspitz in die Sauce legen und warm stellen.
Das Filetsteak in etwas Olivenöl und Butter langsam am Herd beidseitig rosa braten. Dies dauert ca. 12 min. im gesamten. Das Steak sollten Sie einige Male beim Braten wenden. Während des Bratens mit Salz und Pfeffer aus der Mühle würzen und ein Thymianzweigerl dazugeben. Sobald das Steak zart rosa ist, den Bratensatz mit Balsamicoessig und Wasser ablöschen und losköcheln.
Anrichten mit heißem Erdäpfelpüree, dem Natursaft vom Steak, dem aufgeköchelten Rahmkohlrabi sowie dem Schulterspitz mit seiner sämigen Sauce.
Mein Tip: Beim Schmoren kein Salz verwenden, weder am Fleisch noch im Fond.

Erforderliche Grundrezepte:
Schulterspitz geschmort, Seite 129
Rahmkohlrabi, Seite 124
Erdäpfelpüree, Seite 121

Braten vom Milchkalbkotelett mit Perlzwieberln und Nudeln

Den Rücken am Knochen im Ganzen langsam ca. 3 Stunden im Backrohr bei ca. 240°C absinkend auf 170°C, nach Gefühl, mit etwas Öl und viel Butter braten.
Immer wieder mit wenig Wasser ablöschen und dann den Braten begießen. Eventuell mit einer Alufolie oder Butterpapier abdecken, daß der Braten nicht zu rasch dunkel wird.
Würzen erst während des Bratens mit Salz und Pfeffer. Sobald der Braten butterweich ist, die kleinen, geschälten Perlzwieberln und einen Rosmarin- bzw. einen Thymianzweig dazugeben und noch eine gute ½ Stunde im Rohr langsam garen.
Es soll genügend Bratensaft zum Schluß in der Bratpfanne sein. Zum Fertigstellen bei Bedarf noch etwas salzen.
Mein Tip für den Bratensaft: Wenn Sie zuwenig Saft haben, dann den fertigen Braten aus der Pfanne nehmen und warm stellen. Den Saft in der Bratpfanne reduzieren, etwas mit Wasser aufgießen, nochmals reduzieren und etwas mehr aufgießen. Diesen Vorgang mehrmals wiederholen und dabei eine Prise Maizena einstreuen. Nicht umrühren, sondern in der Pfanne köcheln, somit erhalten Sie einen glänzenden Saft und nicht eine „graue Sauce".
Zum Anrichten den Rücken tranchieren und breite, leicht cremige Nudeln als Beilage mit den Perlzwieberln servieren.

Erforderliches Grundrezept:
Nudelteig, Seite 121

Naturschnitzel vom Milchkalb auf Polentapüree, fritierte Petersilie

Die Kalbsschnitzel ca. 5 mm dünn geklopft in Butter und etwas Olivenöl beidseitig braten (nicht zu heiß) und mit Kalbsfond nach und nach angießen. Dies sollte mit einem Suppenlöffel und nicht mit einem Schöpfer geschehen, da die Gefahr geringer ist, auf einmal zuviel Fond aufzugießen. Zuletzt die Schnitzel mit dünnen Scheiben vom Kalbskopf belegen und mit dem Bratensaft übergießen.
Richten Sie die Kalbsnaturschnitzel auf Polentapüree an und garnieren Sie mit der fritierten Petersilie.

Erforderliche Grundrezepte:
Kalbskopf gekocht, Seite 127
Polentapüree, Seite 122
Fritierte Petersilie, Seite 125

Kaninchenkarree mit Zuckererbsen und Suppennudeln

Den Kaninchenrücken vom Knochen lösen und in einer passenden Pfanne mit Olivenöl an der Hautseite anbraten und nach und nach Butter dazugeben. Leicht salzen und pfeffern. Auf der Hautseite bratend ins Rohr bei ca. 220°C geben. Etwas ungeschälten und angedrückten Knoblauch und einen Rosmarinzweig dazugeben und während des Bratens einige Male mit dem eigenen Buttersaft begießen. Nach ca. 10 min. mit etwas Kaninchenfond angießen. Den Rücken umdrehen und nochmals salzen und pfeffern. Noch ca. 5 min. bei geringerer Hitze im Rohr weitergaren, sodaß die Hautseite schön glaciert. Die gekochten Suppennudeln in die Pfanne dazugeben und mit dünnen Scheiben kalter Butter den Saft sämig köcheln. Zuletzt die blanchierten Zuckererbsen einstreuen und ca. 2 min. noch im heißen Rohr lassen. Danach anrichten.

Erforderliche Grundrezepte:
Kaninchenfond, Seite 115
Nudelteig, Seite 121

Rehfilet mit Steinpilzen, breiten Bohnen und Petersiliensaft

Das Rehfilet in Butter und einigen Tropfen Olivenöl langsam braten. Würzen Sie es nur mit etwas weißem Pfeffer aus der Mühle und Salz. Während des Bratens geben Sie angedrückte Wacholderbeeren und ein Thymianzweigerl in die Pfanne.
Kurz bevor sich das Filet leicht rosa gebraten anfühlt (die Fingerprobe sollte einen mittelfesten Druck ergeben), geben Sie die klein geschnittenen Steinpilze dazu und braten diese ca. 2 min. mit.
Zur Fertigstellung die Pfanne vom Feuer nehmen und mit einem Schuß Gin ablöschen. Die Wacholderbeeren und den Thymianzweig rausnehmen und gehackte Petersilie dazugeben sowie einen kleinen Schöpfer vom Rehfond. Das Ganze kurz mit einer Scheibe kalter Butter sämig köcheln und mit gekochten, breiten, grünen Bohnen anrichten.

Erforderliches Grundrezept:
Rehfond, Seite 116

Rehragout mit Palffyknöderln und Preiselbeeren

Die geschmorte, ausgelöste Rehschulter in Stücke schneiden. Danach bedecken Sie die Ragoutstücke mit dem passierten und etwas reduzierten Ragoutfond. Das Ragout binden Sie mit Maizena (eventuell auch mit etwas brauner Mehl-Butter) und einigen Scheiben kalter Butter.
Wenn Sie Gänse- oder Entenschmalz haben, geben sie einige Tropfen des Glanzes und des Geschmackes wegen auch dazu. Sollten Sie ferner von Ihrem Metzger frisches Schweine- oder Kalbsblut bekommen, so wären einige Tropfen davon das „Tüpfelchen auf dem i". Nach Ihrem Belieben schmecken Sie das Ragout ab; z. B.: Gin, Grand Marnier, Preiselbeeren, Balsamicoessig, Muskatnuß, Prise Zimt und getrockneten Majoran.
Mein Tip: Die letzte halbe Stunde beim Schmoren der Rehschulter geben Sie einige Scheiben Pumpernickel in den Schmortopf dazu – dies bringt eine schöne Farbe, Bindung und Geschmack.
Das fertige Rehragout nun anrichten, die fertig gegarte Garnitur, die gekochten Palffyknöderln und Preiselbeeren dazugeben.

Erforderliche Grundrezepte:
Rehragout, Seite 129
Garnitur für Rehragout, Seite 130
Palffyknöderln, Seite 122
Kalt gerührte Preiselbeeren, Seite 138

Szegediner Spanferkel mit Kipflererdäpfeln

Laut Grundrezept bereiten Sie das Szegediner Spanferkel zu und richten es mit Kipflererdäpfeln an.
Mein Tip: Anstelle der Erdäpfel können Sie auch Weißbrot, Erdäpfelknödel oder Semmelknödel und einen gartenfrischen Blattsalat servieren.

Erforderliche Grundrezepte:
Szegediner Kraut mit Spanferkel, Seite 128
Gemüsefond, Seite 114

Weiße und braune Schokoladencreme, glasierte Birne, Blätterteig

Bestreichen Sie ein Rechteck aus Blätterteig mit etwas Honig, kurz bevor es fertig gebacken ist. Das ergibt einen sehr wohlschmeckenden süßen Duft.
Anschließend halbieren Sie eine Birne und köcheln sie zugedeckt in einem Sud aus Läuterzucker, Süßwein, Zitronensaft, zwei Nelken und Zimtstengel.
Einen Fruchtsaft (Ihrer Wahl), z. B. Himbeer-, Kirschen-, Holler-, Schwarzbeer- oder Ribiselsaft, kochen Sie mit Gelierzucker ein, damit die Konsistenz etwas dickflüssiger wird, danach kalt stellen.
Alle Zutaten mit der weißen und braunen Schokoladencreme anrichten.

Erforderliche Grundrezepte:
Blätterteig, Seite 132
Schokoladencreme braun, Seite 131
Schokoladencreme weiß, Seite 131
Läuterzucker, Seite 138

Minzeis, Vanilleeis und Schwarzbeersorbet mit Asti-spumante-Gelee und Hippenblätter

Sie können beim Anrichten Ihrer Phantasie freien Lauf lassen.
Zusätzlich können Sie noch mit frischen Beeren garnieren.

Erforderliche Grundrezepte:
Minzeis, Seite 133
Vanilleeis, Seite 133
Schwarzbeersorbet, Seite 134
Asti-spumante-Gelee, Seite 137
Hippenblätter, Seite 136

Blutorangentorte auf Ribisel-Brombeer-Sauce, gefüllte Baisers und Löffelbiskuit

Den gebackenen Mürbteigboden mit Marzipancreme ½ cm dick bestreichen, darauf vorsichtig eine dünne Schicht von pürierten und passierten Ribisel-Brombeeren streichen und im Kühlschrank ca. 1 Stunde kalt stellen. Sodann streichen Sie 2½ cm dick die fertige Blutorangencreme darüber.
Als Füllcreme für die Löffelbiskuit und die Baisers verwenden Sie die Marzipancreme.
Mein Tip: Sollten Sie keine Blutorangen haben, so verwenden Sie z. B. süße rosa Grapefruit oder vollreife Limetten. Als Fruchtspiegelsauce können Sie püriert Himbeeren oder Erdbeeren je nach Geschmack verwenden.

Erforderliche Grundrezepte:
Blutorangentorte, Seite 134
Blutorangencreme, Seite 135
Marzipancreme, Seite 135
Löffelbiskuit, Seite 135
Ribisel-Brombeer-Spiegel, Seite 135

Topfen-Mehlspeis mit Hollerkoch, Grießflammeri und Vanillesauce

Dies ist wahrscheinlich das typischste österreichische Mehlspeis-Gericht.
Bereiten Sie Topfen einmal als flaumigen Knödel in süßen Butterbröseln und einmal als glasierte Palatschinke zu. Dazu gehört ein echtes Hollerkoch und eine Grießflammeri, die als einzige kalt serviert wird.
Die Topfenknödel im leicht gesalzenen Wasser zugedeckt ca. 8 min. köcheln.
Die gefüllte Palatschinke in einer bebutterten Form im Rohr ca. 12 min. mit Kristallzucker bestreut bei 160°C wärmen.
Anrichten: Setzen Sie der kalte Grießflammeri ins warme Hollerkoch, daneben richten Sie die lauwarme Vanillesauce an. Darauf setzen Sie die aufgebackene Topfenpalatschinke und den in den süßen Bröseln gewälzten Topfenknödel.
Süße Butterbrösel: Butter heiß werden lassen, Zucker und Semmelbrösel dazugeben und goldig rösten.

Erforderliche Grundrezepte:

Grießflammeri, Seite 131
Topfenknödel, Seite 130
Topfenpalatschinken, Seite 130
Hollerkoch, Seite 132
Vanillesauce, Seite 133

„Kaiserliches" Topfenomelett mit Zwetschkenröster

Bereiten Sie das Topfenomelett laut Grundrezept zu, am besten verwenden Sie dafür eine Tefalpfanne.
Das Topfenomelett mit Staubzucker bestreuen und auf Zwetschkenröster setzen.
Zum Garnieren verwenden Sie eine Nocke vom Honigobers oder eine Nocke Grießflammeri.

Erforderliche Grundrezepte:
Topfenomelett, Seite 130
Zwetschkenröster, Seite 138
Honigobers oder Grießflammeri, Seite 132 oder 131

Birnensavarin mit Schwarzbeersauce und Birnensorbet

Den gebackenen Savarin (in den Formen) mit heißem Birnensaft begießen, dann aus der Form stürzen und auskühlen lassen.
Anrichten: Auf der kalten Schwarzbeersauce und den Schwarzbeeren setzen Sie den ausgekühlten Savarin. Das Birnensorbet beliebig rundherum anrichten.

Erforderliche Grundrezepte:
Birnensorbet, Seite 133
Schwarzbeersauce, Seite 132
Savarin, Seite 131

Warmes Weinbeerenkompott mit glasierter Palatschinke und Ovomaltinecreme

Geben Sie einen Schöpfer des fertigen, warmen Weinbeerenkompotts in den Teller und belegen dieses mit einer Palatschinke.
Zum Glasieren der Palatschinke verwenden Sie Honig mit Grand Marnier verrührt und bestreichen damit die Palatschinke. Im Backrohr bei starker Oberhitze nun glacieren.
Die Ovomaltinecreme stürzen Sie auf eine Scheibe Ovomaltinebiskuit und reichen dieses a-part.
Zuletzt bestreuen Sie dieses köstliche Dessert mit Staub- und Zimtzucker.

Erforderliche Grundrezepte:
Weinbeerenkompott, Seite 137
Palatschinkenteig (siehe Topfenpalatschinken), Seite 130
Ovomaltinebiskuit, Seite 134
Ovomaltinecreme, Seite 134

Glasierter Nußschmarrn mit Honigobers und Zibeberln

Heben Sie unter die kühlgestellte Nußschmarrnmasse das geschlagene Eiweiß.
In eine Pfanne streuen Sie Kristallzucker, geben etwas Butterschmalz dazu und karamelisieren den Zucker goldig. Jetzt gießen Sie die Nußschmarrnmasse ca. 2 cm dick darüber und stellen die Pfanne auf ein Gitter in das vorgeheizte Backrohr. Backen Sie den Nußschmarrn ca. 10 min. bei 200°C. Wenn der Schmarrn eine leicht braune Farbe bekommt, ist er fertig.
Mit dem Löffel stechen Sie schöne Stücke aus und richten den Schmarrn an. Garnieren Sie mit Honigobers und eingelegten Zibeberln.

Erforderliche Grundrezepte:
Nußkuchen für Nußschmarrn, Seite 136
Masse für Nußschmarrn, Seite 136
Honigobers, Seite 132
Eingelegte Zibeberln, Seite 137

Eingelegte Pilze

Zutaten:
¼ l Wasser,
1 Schalotte,
1 Stück engl. Sellerie
1 Rosmarinzweig,
1 Thymianzweig,
1 EL weißer Essig,
5 Pfefferkörner,
2 EL Olivenöl,
Pilze

Zubereitung:
Alles (außer den Pilzen) zusammen ¼ Stunde kochen, abseihen und dann die geputzten Pilze dazugeben. Jetzt einmal aufkochen, dann heiß in ein Einmachglas füllen, mit Olivenöl bedecken und sofort verschließen.
Am besten eignen sich dafür Reizker- und Steinpilze.

Die Grundrezepte

Sellerietascherln

Zutaten für Teig:
500 g griffiges Mehl
4 Eier
4 Dotter

Zubereitung:
Alle Zutaten zu einem geschmeidigen Teig verarbeiten.
Tip: Da die Eier nicht immer gleich groß sind, muß man evtl. etwas mehr Dotter bzw. Mehl verwenden. Der Teig soll leicht an den Händen kleben, wenn er gut abgeknetet ist.
Wichtig: kein Salz oder Öl dazugeben.
Der Teig muß mit Klarsichtfolie abgedeckt ca. 2 h rasten.

Zutaten für die Fülle:
200 g Knollensellerie
15 g Butter
¼ l Wasser
Salz und Muskatnuß

Zubereitung:
Die geschälte Sellerieknolle in Würfel schneiden. Mit Wasser bedecken, leicht salzen und zugedeckt weichdämpfen. Sobald die Sellerie schön weich ist, abseihen und kurz ausdämpfen lassen. Dann die kalte Butter dazugeben und fein pürieren, zuletzt abschmecken.

Zubereitung der Sellerietascherln:
Nudelteig dünn ausrollen, dabei die Unterlage immer etwas mit griffigem Mehl melieren. Selleriepüree in einen Spritzbeutel geben. Mit einem runden (5 cm) Ausstecher den Nudelteig ausstechen, mit dem Spritzsack das Selleriepüree in der Menge eines Mokkalöffels in der Mitte aufspritzen. Die Ränder mit einem kleinen Pinsel mit Wasser anfeuchten, halbmondförmig zuklappen und die Ränder andrücken. Auf einem Küchentuch, das gut meliert ist, die Tascherln legen und kühl stellen.
Diese Sellerietascherln brauchen im kochenden Salzwasser ca. 2 min., um al dente zu sein.

Als Tip: Die Tascherln kann man jederzeit auf dem Blech einfrieren. Dann in einen Gefrierbeutel geben und in der Gefriertruhe lagern. Die Kochzeit im gefrorenen Zustand erhöht sich um ca. 2 min.

Gemüsefond

Zutaten:
Wasser
Staudensellerie
Knollensellerie
Petersilienwurzeln
Zwiebeln
Lauchabfälle
Kräuterstiele
Lorbeerblatt
KEIN SALZ

Zubereitung:
Alles zusammen ½ h kochen.

Als Tip: keine Karotten und kein Salz beigeben.

Geflügelfond

Zutaten:
Geflügelkarkassen kleingehackt
Zwiebeln
Petersilienwurzel
Staudensellerie
Lauch, Pfefferkörner,
Lorbeerblätter,
Wacholderbeeren, Nelke,
Muskatblüte
KEIN SALZ

Zubereitung:
Die Karkassen mit den Gewürzen in einen Topf geben und im Wasser bedecken, einmal aufkochen und ca. 2 h köcheln. Die Gemüse erst eine halbe Stunde bevor der Fond fertig ist dazugeben. Keine Karotten, kein Salz.

Würzsud für Ente

Zutaten:
Geflügel- bzw. Entenfond
grob geschnittene Schalottenzwieberln
geschnittene Petersilienwurzeln
geschnittene Navetten*
Pilzabfälle
zerdrückte Wacholderbeeren
zerdrückte, schwarze Pfefferkörner,
Lorbeerblatt
etwas Salz

Zubereitung:
Alles zusammen ¼ Stunde kochen und um die Hälfte reduzieren.

***Navetten**: weiße Rüben. Nur junge, kleine Rüben verwenden, da die großen Rüben bitter werden.

Kaninchenfond

Zutaten:
1 Kaninchenrückenknochen
1 kleine Zwiebel
1 Staudenselleriestange
1 Lorbeerblatt
5 Pfefferkörner
1 Knoblauchzehe
1 kleine Tomate
0,05 l Weißwein
0,5 l Gemüsefond

Zubereitung:
Den Rückenknochen in walnußgroße Stücke hacken. In einem Topf mit etwas Olivenöl leicht anrösten. Die Gemüse und die Gewürze zugeben, mit dem Weißwein ablöschen und auffüllen. Zügig aufkochen und ca. 2 h ziehen lassen.

Rindsuppe

Um eine klassische Rindsuppe zu kochen, sollten einige Dinge beachtet werden:
– frische Rindsknochen
– ordentliches Stück Rindfleich mit Fettrand
– das übliche Suppengemüse wie Sellerie, Zwieberln, Petersilienwurzeln, Lauch sowie Pfefferkörner, wenig Lorbeerblätter, kein Salz und vor allem keine Karotten.

Mein Tip:
Die Gemüse erst ½ Stunde bevor die Suppe bzw. das Fleisch fertig gekocht ist dazugeben. Keine Karotten deshalb, weil sie alle anderen Gemüsegeschmäcker in ihrem süßlichen Geschmack übertönen.

Geklärter Fond für die Rote-Rüben-Suppe

Zutaten:
Fond der Pökelzunge
100 g grob Faschiertes von der Kalbswade
1 kleine Zwiebel
½ Stange Staudensellerie
1 Lorbeerblatt
1 Zweig Thymian
2 Eiklar
5 Wacholderbeeren

Zubereitung:
In einem Topf die Gewürze und die Eiklar mit dem Klärfleisch vermengen und den kalten Fond der Pökelzunge dazugeben.
Auf dem Herd unter öfterem Umrühren langsam erhitzen, aber nicht ganz aufkochen, dann nicht mehr umrühren.
Jetzt ca. 1 h ziehen lassen.
Durch ein Tuch passieren, fertig.

Mein Tip:
Um eine dunklere Farbe zu bekommen, geben Sie, wenn die Suppe am Herd zieht, einige Schalen von Zwiebeln hinzu.
Dies ist natürlich auch bei einer Rindsuppe möglich.

Lammfond

Zutaten:
500 g gehackte Lammknochen
1 kleine Zwiebel
1 Lorbeerblatt
1 Knoblauchzehe
10 weiße Pfefferkörner

Zubereitung:
Die Lammknochen in einen Topf geben und knapp mit Wasser bedecken, zügig aufkochen und evtl. abschäumen. Langsam köcheln lassen und nach ca. 30 min. die Gewürze und Gemüse zugeben, 2 h köcheln lassen.

Rehfond bzw. -sauce

Zutaten:
Rehknochen gehackt
fester Speck
Öl
Staudensellerie,
Knollensellerie, Zwieberln
Petersilienwurzeln,
Wacholderbeeren,
Pfefferkörner, Nelken,
Lorbeerblätter
Preiselbeeren
Gin

Zubereitung:
Etwas gewürfelten Speck in einer Kasserolle anlaufen lassen. Die Knochen dazugeben und goldbraun rösten. Sodann das in 1 cm dicke Würfel geschnittene Gemüse mitrösten, bis sich ein angenehmer Duft entwickelt. Mit etwas Gin ablöschen und mit Wasser auffüllen.
Sollten Sie einen neutralen Gemüsefond oder eine Rindsuppe haben, so kann man auch diese zum Auffüllen verwenden.
Das ganze ca. 3 h köcheln lassen, sodann abseihen. Das ist der fertige Grundfond.

Tip für die Verfeinerung des Fonds zur Sauce: Einige Tropfen Grand Marnier sowie Gin harmonieren perfekt zu fein zerdrückten Wacholderbeeren. Zur Bindung und für eine dunkel glänzende Sauce geben Sie noch einige Tropfen frisches Blut (Schweine- oder Kalbsblut vom Metzger) dazu.

Fischfond

Zutaten:
Fischgräten
⅓ weißes Gemüse, wie:
Fenchel, Staudensellerie,
Zwiebel, Lauch, Kräuterstiele
weiße Pfefferkörner
etwas Koriander
wenig Lorbeerblätter
in der Schale angedrückte
Knoblauchzehe
Olivenöl

Zubereitung:
Die in 1 cm dicke Würfel geschnittenen Gemüse mit den Gewürzen und dem Knoblauch in etwas Olivenöl anlaufen lassen. Die kurz gewässerten Fischkarkassen dazugeben und mit kaltem Wasser bedecken. Auf starker Hitze einmal aufkochen lassen, zur Seite ziehen und ca. 20 min. leicht köcheln. Den dabei auftretenden Schaum abschäumen, sodaß der Fumet klar wird.
Danach abseihen.

Krebsenfond

Zutaten:
Karkassen von ausgebrochenen Krebsen
1 guter Schluck Bier
⅓ von der Karkassenmenge
weißes Gemüse: siehe
Fischfond (Seite 116)
Koriander, weiße
Pfefferkörner, Kümmel
angedrückte Knoblauchzehe,
etwas Butter, etwas Olivenöl
Paradeiser

Zubereitung:
Die Karkassen in Butter und Olivenöl leicht rösten. Die 1 cm dick geschnittenen Gemüse und die Gewürze sowie einige Paradeiser dazugeben und mit dem Bier ablöschen. Mit kaltem Wasser bedecken und ca. 1 h köcheln lassen, durch ein Sieb abschütten und die Karkassen etwas ausdrücken bzw. zerstampfen, da diese noch einiges vom guten Fond abgeben. Wenn vorhanden kann man anstatt Wasser auch Fischfond oder neutralen Gemüsefond zum Aufgießen verwenden. Diese Rezeptur eignet sich auch für sämtliche andere Krustentiere.

Krebsensauce:
Den Krebsenfond ca. 1/3 einköcheln und mit kalten Scheiben von der Butter mit dem Stabmixer binden.
Die Krebsensauce sollte eine sämige Bindung haben.

Weiße Buttersauce

Zutaten:
¼ l Gemüsefond
130 g kalte, in Scheiben geschnittene Butter
Salz, Cayennepfeffer
evtl. Weißwein

Zubereitung:
Den Fond um die Hälfte reduzieren, dann die eiskalte Butter mit dem Mixstab einmixen und abschmecken. Die Sauce sollte sämig gebunden sein. Je mehr Butter sie verwenden, desto dicker wird die Sauce.

Tip:
Diese Grundsauce ist neutral und kann zu sämtlichen Gemüsebindungen wie z. B. leicht gebundenen Spargel, Erbsenschoten oder Pilzen verwendet werden. Die jeweiligen dazupassenden frischen Kräuter tragen ihr übriges dazu bei. Anstelle des Gemüsefonds können Sie auch Fischfond bzw. Krebsenfond verwenden.

Sauce Hollandaise

Zutaten:
2 Eigelb
3 EL Gemüsefond
1 EL Weißwein
40 g kalte Butter (in Scheiben geschnitten)
Salz, Cayennepfeffer

Zubereitung:
Die Eigelb mit dem Weißwein und dem Gemüsefond in einer Schüssel im Wasserbad schaumig aufschlagen.
Vom Wasserbad nehmen und die kalte Butter einrühren.
Mit Salz und Cayennepfeffer würzen.
Wichtig ist: Das Eigelb muß mit dem Weißwein-Gemüsefond ganz flaumig aufgeschlagen werden.
Bei Dill-Hollandaise geschnittenen Dill bzw. bei Kräuter-Hollandaise diverse Kräuter beigeben.

Sauce Bechamel

Zutaten:
20 g Butter
20 g Mehl
0,2 l Milch
Salz, Pfeffer, Muskat

Zubereitung:
Butter erhitzen, Mehl darin kurz anlaufen lassen und mit kalter Milch aufgießen, mit dem Schneebesen glattrühren und 20 min. bei öfterem Umrühren köcheln, würzen.

Sauerrahmcreme

Zutaten:
150 g Sauerrahm
1 Prise Salz
½ TL Zitronensaft
Cayennepfeffer

Zubereitung:
Den Sauerrahm mit Salz, Cayennepfeffer und Zitronensaft glattrühren und kalt stellen.

Spinatsuppe für 4 Personen

Zutaten:
¼ l Fischfumet oder neutraler Gemüsefond
120 g passierter Spinat
20 g Butter
Salz, Koriander
etwas Zitrone
Muskatnuß

Zubereitung:
Fumet mit den Gewürzen, dem passierten Spinat (Blattspinat in Salzwasser weich kochen, abschütten und mit dem Mixer fein pürieren) verrühren, köcheln lassen und die goldbraune Butter zugeben.

Paradeisersuppe* für 4 Personen

Zutaten:
8 Stk. vollreife Paradeiser
4 EL kalt gepreßtes Olivenöl
Salz
Cayennepfeffer

Zubereitung:
Die gewaschenen Paradeiser vierteln und im Mixer fein pürieren, dann durch ein Spitzsieb streichen und würzen. Anschließend läßt man sie rund 20 min. köcheln.

Savarintränke

Zutaten:
5 große vollreife Paradeiser
1 Knoblauchzehe
etwas grobes Meersalz
1 Eiweiß
1 Thymianzweig
1 Lorbeerblatt
0,2 l Gemüsefond

Zubereitung:
Die Tomaten mixen und mit dem Gemüsefond, den Gewürzen und dem leicht angeschlagenen Eiweiß in einem Topf kurz aufkochen. Das ganze bei milder Hitze ca. 1 h ziehen lassen und durch ein Tuch passieren.

Salatmarinade

Zutaten:
1/3 verschiedene, sich in Aroma und Geschmack ergänzende Öle
1/3 Wasser oder neutraler Gemüsefond
1/3 milde, sich ergänzende Kräuter-, bzw. Wein- bzw. Balsamicoessige
Zitronensaft

Zubereitung:
Mit Muskatnuß und Salz gut verrühren

*__Paradeiser__, der (österr.): Tomate

Zitronenthymian-Marinade

Zutaten:
20 g Butter
0,1 l Lammfond vom gedämpften Lamm
1 Msp. gehackter Zitronenthymian
Salz, Cayennepfeffer
1 TL Olivenöl
etwas Balsamicoessig

Zubereitung:
Die Butter in einer Stielkasserolle leicht bräunen, den Lammfond daraufgeben. Den Zitronenthymian, das Olivenöl und den Balsamicoessig einrühren und abschmecken.

Erdäpfelmarinade

Zutaten:
50 g gekochte passierte Erdäpfel
0,1 l Rindssuppe oder Gemüsefond
2 EL Pflanzenöl
1 EL Weißweinessig
Salz, Pfeffer und Muskatnuß

Zubereitung:
Die passierten Erdäpfel mit den restlichen Zutaten glattrühren und abschmecken.

Erdäpfelsalat

Zutaten:
12 kleine Salaterdäpfel
1 Schalotte in Würfel geschnitten
0,4 l Rinderbrühe
2 EL Kräuteressig
½ TL Estragonsenf

Zubereitung:
Die Erdäpfel kochen und schälen.
In einer Stielkasserolle die Schalotten in Öl anschwitzen, mit dem Weißweinessig ablöschen, den Senf dazugeben und mit der Rinderbrühe auffüllen. Die in Scheiben geschnittenen Erdäpfel hinzugeben und würzen. Den Salat ca. 2 h ziehen lassen.
Wird der Salat zu trocken, gibt man noch etwas warme Rinderbrühe hinzu.

Rahmgurkensalat

Zutaten:
1 Salatgurke
2 EL Sauerrahm
Zitronensaft
Weißweinessig
Salz und Cayennepfeffer

Zubereitung:
Die Gurke schälen.
Mit dem Sparschäler nudelbreite Streifen abschälen, diese leicht ansalzen und gelegentlich ausdrücken, bis sie weich und trocken sind.
Mit Cayennepfeffer, Zitronensaft, Weißweinessig und dem Sauerrahm marinieren.

Fischnockerln

Zutaten:
150 g enthäutetes, entgrätetes Fischfilet (z. B. Zander) bzw. Abschnitte
Zitronensaft
Salz
Cayennepfeffer
70 g Obers
70 g kalten Fischfumet

Zubereitung:
Das in 0,5 cm dick geschnittene Fischfilet mit den Gewürzen marinieren und 10 min. in den Tiefkühler stellen.
Dieses gut Durchgekühlte mit kaltem Obers fein mixen.
Durch ein Passiersieb streichen und diese Farce ca. 2 h in den Kühlschrank stellen.
Zuletzt den eiskalten Fischfond gut darunterrühren, evtl. auch mit dem Mixer.
Probenockerln im siedenden Salzwasser pochieren, damit Sie die Konsistenz sehen.
Wenn die Farce zu fest ist, etwas Obers bzw. kalten Fischfond dazugeben.

Vorbereitungen zum Räuchern

Einen Topf mit Siebeinsatz (wie er zum Erdäpfeldämpfen verwendet wird.)
1 Handvoll Sägespäne (keine Fichte)
5 Wacholderbeeren
1 Lorbeerblatt
1 Knoblauchzehe
10 Pfefferkörner

Den Topf auf der Herdplatte mit den Gewürzen aufheizen, bis er raucht.
Vom Herd nehmen und das Räuchergut einlegen.

Geräucherte Jacobsmuscheln

Zutaten:
8 große festfleischige Jacobsmuscheln
1 TL Olivenöl
1 Prise Salz
etwas Koriander aus der Mühle
Zitronensaft
Cayennepfeffer

Zubereitung:
Die Jacobsmuscheln würzen und ca. 5 min. im Räuchertopf goldgelb aufräuchern.

Geräucherter Felchen

Zutaten:
2 Felchen geschuppt und ausgenommen
Zum Marinieren:
1 Prise Salz, etwas Cayennepfeffer
3 Wacholderbeeren
1 kl. Knoblauchzehe
1 EL Olivenöl
1 TL Weißwein, etwas Zitronensaft

Zubereitung:
Den Felchen filetieren.
Die im Filet verbleibenden Gräten werden mit Hilfe eines kleinen Küchenmessers herausgeschnitten.
Dabei schneidet man rechts und links so dicht wie möglich an den Gräten ins Fleisch und zieht den Grätensaum heraus.
Nun legt man den Felchen in die vorbereitete Marinade und läßt ihn im Kühlschrank abgedeckt 24 h marinieren.
Vor dem Räuchern nimmt man den Felchen aus der Marinade und rollt ihn vom Schwanz her ein, bindet ihn mit einem Stück Garn zusammen und räuchert ihn goldgelb auf.

Wodkagelee

Zutaten:
0,2 l kräftiger Fischfond
1 ½ Blatt eingeweichte, ausgedrückte Gelatine
0,05 l Wodka
Salz, Cayennepfeffer
gemahlener Koriander

Zubereitung:
Den lauwarmen Fischfond mit dem Wodka vermischen.
Die eingeweichte, ausgedrückte Gelatine in etwas Fond erwärmen und zugeben.
Mit Salz, Cayennepfeffer und dem gemahlenen Koriander abschmecken, kaltstellen.
Das Gelee durch eine Kartoffelpresse drücken oder hacken und in einen Spritzsack mit Tülle Nr. 6 füllen.

Nudelteig

Zutaten für Teig:
500 g griffiges Mehl
4 Eier
4 Dotter

Zubereitung:
Alle Zutaten zu einem geschmeidigen Teig verarbeiten.

Tip: Da die Eier nicht immer gleich groß sind, muß man evtl. etwas mehr Dotter bzw. Mehl verwenden. Der Teig soll leicht an den Händen kleben, wenn er gut abgeknetet ist.
Wichtig: kein Salz oder Öl dazugeben.
Der Teig muß mit Klarsichtfolie abgedeckt ca. 2 h rasten.

Dampferdäpfel

Zutaten:
4 kleine festkochende Erdäpfel

Zubereitung:
Die Erdäpfel in leicht gesalzenem Wasser kochen und anschließend sofort schälen.
Die Erdäpfel in einem Sieb mit einem ausgewaschenen Tuch über dampfendem Wasser zugedeckt warm stellen.

Erdäpfelpüree

Zutaten:
mehlige Erdäpfel
Obers
Butter
Salz
Muskatnuß

Zubereitung:
Die Erdäpfel schälen und im Salzwasser zugedeckt weich kochen. Durch ein Sieb abschütten und fein passieren. Nicht mixen. Obers mit etwas Butter aufkochen und über die passierten Erdäpfel gießen, würzen und gut durchrühren. Eine exakte Mengenangabe ist nicht konkret zu machen, da die Erdäpfel sehr unterschiedlich bei Sorte und Jahreszeit sind.

Erdäpfelrösti

Zutaten:
mehlige Erdäpfel
Salz
geriebene Muskatnuß

Zubereitung:
Die geschälten Erdäpfel roh der Länge nach mit einer Röstireibe hobeln, sodann ausdrücken und würzen. In einer Eisen- oder Tefalpfanne mit Butterschmalz langsam beidseitig braten.

Erdäpfelgnocchi

Zutaten:
½ kg mehlige Erdäpfel
ca. 100 g griffiges Mehl
2 Eidotter
30 g Butter
Salz
Muskatnuß

Zubereitung:
Die Erdäpfel mit der Schale im Salzwasser kochen, schälen und durch die Presse drücken. Im vorgeheizten Ofen oder Backrohr bei ca. 150°C und ca. 20 min. ausdämpfen lassen.
Die Erdäpfel sollten sich trocken anfühlen, und diese passierten, trockenen Erdäpfel werden jetzt mit der Butter durch ein Sieb gestrichen. Danach die Dotter, die Gewürze und das Mehl dazugeben und etwa ½ Stunde zugedeckt in den Kühlschrank stellen. Jetzt eine Probe im köchelnden Salzwasser machen. Sollte die Masse nicht halten, noch etwas Mehl hinzufügen. Das Formen der Gnocchi geht am leichtesten: Kleine Kugeln drehen und über einen Gabelrücken rollen. Die Gnocchi im Salzwasser einmal kurz aufkochen lassen.

Polentapüree

Zutaten:
100 g gelber Polentagrieß
50 g Butter
Salz, getrocknete Kräuter nach Belieben
¼ l Milch, Suppe oder Fond, abgestimmt auf das jeweilige Gericht, z. B.: für ein Krebsengericht Fisch- oder Krebsenfond

Zubereitung:
Polentagrieß mit dem Fond und den Gewürzen zu einem püreeartigen Brei köcheln und zuletzt die Butter dazugeben.

Pallfyknöderln

Zutaten:
200 g geschnittenes und entrindetes Weißbrot
200 g geschnittener und entrindete Brioche (ungesüßt)
150 g Milch
½ Zwiebel
80 g Butter
2 Eier
evtl. Semmelbrösel
Salz, Pfeffer, Muskatnuß

Zubereitung:
Die Milch erwärmen und über das Brot gießen. Die Zwiebel in feine Würfel schneiden und die Butter ansautieren.
Nun die ganzen Zutaten vermischen und würzen.
Mit einem ausgewaschenen feuchten Geschirrtuch abdecken und eine halbe Stunde stehen lassen.
Falls die Knödelmasse zu weich sein sollte, geben Sie ein paar Semmelbrösel bei.

Leberknödel „Salzburger Art“

Zutaten:
125 g Kalbsleber
50 g Kalbsnierenfett
2 Semmeln eingeweicht
½ Zwiebel
35 g Butter
1 Ei
ca. 40 g Semmelbrösel
Butterschmalz zum Backen der Knödel

Zubereitung:
Die Kalbsleber, das Nierenfett und die eingeweichten Semmeln fein faschieren. Eine halbe Zwiebel in feine Würfel schneiden und in der Butter ansautieren. Das Ei und die Zwiebel zur faschierten Leber beigeben und mit Salz, Pfeffer, Majoran und Muskatnuß würzen.
Um die richtige Konsistenz zu erlangen, gibt man etwas Semmelbrösel bei.
Mit Hilfe eines kleinen Löffels sticht man kleine Knödel mit ca. 3 cm Durchmesser aus und dreht diese dann rund ab.
Butterschmalz erhitzen und die Knödel langsam herausbacken.

Aubergine

Zutaten:
1 Aubergine ca. 300 g
0,2 l Gemüsefond
1 EL Olivenöl

Zubereitung:
Die Aubergine in 0,5 cm dicke Scheiben schneiden und in einer Pfanne mit dem Olivenöl und dem Gemüsefond dünsten.

Zutaten für die Füllung:
1 Schalotte in Streifen geschnitten
½ gelbe Paprikaschote
½ rote Paprikaschote
3 EL gemixte Tomaten
1 EL Olivenöl, Salz
Cayenne und Weißwein

Zubereitung:
Die Paprikas vom Kerngehäuse befreien, auf ein Backblech legen und im Backofen mit eingeschaltetem Grill 5 min. backen, kurz auskühlen lassen und die Haut abziehen.
Die Schalotte in Olivenöl glasig andünsten, die Paprikas zugeben, mit etwas Weißwein ablöschen.
Die Tomaten zugeben, würzen und 5 min. schmoren. Mit dem Stabmixer pürieren.

Paprika-Paradeiser-Coulis

Zutaten:
4 vollreife große Tomaten
15 vollreife Cocktailtomaten
1 rote Paprikaschote
1 gelbe Paprikaschote

Zubereitung:
Die gewaschenen Tomaten mixen und passieren.
Die Paprikas vom Kerngehäuse befreien, auf ein Backblech legen und im Backofen mit eingeschaltetem Grill 5 min. backen, kurz auskühlen und die Haut abziehen.
Die Paprikas in Würfel schneiden und zu den Tomaten zugeben. Kurz köcheln.

Melanzani-Bohnen-Bouquet

Zutaten:
1 Stk. Melanzani, ca. 300 g
ca. 150 g Fisolen, geputzt oder Keniabohnen
Olivenöl
Salz und Pfeffer
Gemüsefond

Zubereitung:
Die Melanzani in 0,5 cm dicke Scheiben der Länge nach schneiden. In etwas Olivenöl anbraten, würzen, wenden und mit Gemüsefond leicht angießen. Langsam weich schmoren.
Die Bohnen in Salzwasser weichkochen und in Eiswasser kalt abschrecken. Nun die Bohnen in die Melanzani einwickeln.

Rahmkohlrabi

Zutaten:
1 mittelgroßer Kohlrabi
0,2 l Sahne
Salz, Muskatnuß
etwas Weißweinessig
gehackte Petersilie

Zubereitung:
Den Kohlrabi schälen und auf der Aufschnittmaschine in feine Blätter schneiden. In leicht gesalzenem Wasser blanchieren und im Eiswasser kalt abschrecken.
Die Sahne in einen Topf geben und kurz aufkochen, die Kohlrabischeiben hineinlegen und würzen.
Das Ganze zugedeckt köcheln und die gehackte Petersilie einschwenken.

Gefüllte Kohlrabi, rote Linsen, Fenchel, grüner Spargel

Zutaten:
4 Stk. Kohlrabi klein
8 Stk. junge Fenchel
50 g rote Linsen
1 Bund grüner Mini-Spargel
Gemüsefond
Schnittlauch, Fenchelkraut und Estragon, Salz, Muskatnuß, Cayennepfeffer, Butter

Zubereitung:
Die Kohlrabi schälen und mit einem „Parisienne"-Ausstecher aushöhlen. Kochen Sie den ausgehöhlten Kohlrabi im leicht gesalzenen Gemüsefond zugedeckt weich. Die roten Linsen ½ Stunde im lauwarmen Wasser einweichen.Die Kohlrabikugeln knapp mit leicht gesalzenem Gemüsefond zugedeckt ca. 2 min. köcheln, dann die eingeweichten, abgeschütteten roten Linsen dazugeben, sowie einige Scheiben kalter Butter zur Bindung des Ragouts. Die grünen Spargel (nicht geschält) dämpfen Sie ebenso zugedeckt im leicht gesalzenen Gemüsefond knackig.
Den Fenchel putzen und in Butter leicht anbraten.
Wiederum mit leicht gesalzenem Gemüsefond auffüllen und zugedeckt weichdämpfen.
Würzen Sie diese zarten Gemüse mit wenig Salz, etwas Muskatnuß und ganz wenig Cayennepfeffer.
Als Kräuter verwenden Sie Schnittlauch und Estragon.

Spinatpüree

Zutaten:
200 g Blattspinat geputzt und gewaschen
50 Butter
Salz und Muskatnuß

Zubereitung:
Den Spinat im Wasser blanchieren, bis er weich ist.
Im Eiswasser abschrecken und in einem Sieb abtropfen lassen. In eine Schüssel geben und mit dem Passierstab mixen. In einem Topf die Butter bräunen, das Spinatpüree zugeben und mit Salz und Muskat würzen.

Selleriepüree

Zutaten:
200 g Knollensellerie
15 g Butter
¼ l Wasser
Salz und Muskatnuß

Zubereitung:
Die geschälte Sellerieknolle in Würfel schneiden. Mit Wasser bedecken, leicht salzen und zugedeckt weichdämpfen.
Sobald die Sellerie schön weich ist, abseihen und kurz ausdämpfen lassen. Dann die kalte Butter dazugeben und fein pürieren, zuletzt abschmecken.

Artischocken

Zutaten:
8 Mini-Artischocken
1 Zweig Rosmarin
1 Knoblauchzehe
Saft einer halben Zitrone
0,2 l Gemüsefond

Zubereitung:
Bei der Artischocke den Stiel abbrechen, damit sich die bitteren Fäden aus dem Boden lösen. Den Boden mit Zitronensaft einreiben, damit er sich nicht verfärbt. Nun von der Artischocke mit Hilfe eines Sägemessers die Hüllenblätter abschneiden und sofort mit Zitrone einreiben. Nochmals mit einem Tourniermesser eventuelle grüne Stellen nachputzen, da diese bitter wären. Mit einem Löffel das sogenannte „Heu" entfernen und den Artischockenboden in Zitronenwasser legen.

Verarbeitung der Artischocke:
In einem kleinen Topf etwas Olivenöl erhitzen, die geputzten Artischocken kurz darin braten. Mit Zitronensaft ablöschen und mit Gemüsefond auffüllen, den Rosmarin und den Knoblauch beigeben und zugedeckt auf den Punkt weich dämpfen.

Geröstete Artischocke

Zutaten:
1 Artischocke
2 Zitronen
0,2 l Olivenöl

Zubereitung:
Die Artischocke putzen und den Artischockenboden in dünne Scheiben hobeln. Diese nun in heißem Olivenöl fritieren, auf ein Sieb geben und abtropfen lassen.
oder:
Die Artischockenscheiben in einer Tefalpfanne mit nur wenig Olivenöl schwimmend rösten.

Fritierte Petersilie

Zutaten:
1 kleiner Bund Blattpetersilie
0,2 l Öl zum Fritieren

Zubereitung:
Die Petersilie im heißen Öl fritieren, wenn sie glasig ist herausnehmen und auf einem Küchentuch abtropfen lassen. Den Topf während des Fritierens mit einem Deckel abdecken, um das Spritzen des Öls zu vermeiden.

Broccolicreme

Zutaten:
1 Kopf Broccoli
Sauce Bechamel
(siehe Seite 117)

Zubereitung:
Den Broccoli in Salzwasser weichkochen. Ins Eiswasser geben und abschrecken. Den Broccoli mit 2 EL der Sauce Bechamel vermischen und mit einem Stabmixer pürieren. Durch ein Sieb streichen und fertig abschmecken.

Topinamburcreme*

Zutaten:
10 Stk. mittelgroße Topinamburen
50 g kalte Butter
Salz

Zubereitung:
Die Topinamburen schälen und in einem Topf knapp mit Wasser bedeckt, gesalzen und halb zugedeckt weichdämpfen. Dann das restliche Wasser abgießen und mit kalter Butter mixen und durch ein Sieb streichen.

Topinambur-Chips

Zutaten:
1 Topinamburknolle
1 EL Butterschmalz

Zubereitung:
Die Topinambur mit einer Bürste reinigen. Die Knolle in feine Scheiben schneiden und in einer tefalbeschichteten Pfanne mit dem Butterschmalz knusprig von beiden Seiten herausbacken und auf ein Küchentuch legen.

Topinamburtascherln

Zutaten:
250 g Nudelteig
2 EL Polentapüree
3 EL Topinamburpüree
Gemüsefond
1 kl. rote Rübe
Salz, Pfeffer, Muskatnuß

Zubereitung:
Das Polentapüree und die Topinamburcreme gut vermischen. Die rote Rübe in feine Scheiben schneiden und mit 3 EL Gemüsefond aufkochen. Mit dem daraus entstehenden roten Saft die Polenta-Topinambur-Fülle einfärben. Mit Salz, Pfeffer und Muskatnuß würzen und den Nudelteig dünn ausrollen, Kreise ausstechen und mit einem Spritzsack füllen. Mit Wasser einstreichen und die Tascherln zusammenschlagen.

Blattspinat

Zutaten:
300 g Blattspinat geputzt und gewaschen
50 g Butter
Salz und Muskatnuß

Zubereitung:
Den Spinat im kochenden Wasser kurz blanchieren und sofort im Eiswasser abschrecken.
Die Butter in einem Topf braun werden lassen und den Spinat hineingeben, mit Salz und Muskatnuß würzen.

*__Topinambur__, der: eine den Erdäpfeln ähnliche Knollenfrucht

Flageoletsbohnen

Zutaten:
500 g Saubohnen in der Schote
20 g Butter
0,1 l Gemüsefond

Zubereitung:
Die Bohnen ausbrechen und die Bohnenkerne von der dicken Haut mit Hilfe eines kleinen Messers abschälen. Die Bohnenkerne in einem Topf mit der flüssigen Butter durchschwenken und etwas Gemüsefond angießen, kurz köcheln lassen.
Mit Salz und Cayennepfeffer würzen.

Tip:
Sollte sich die Haut schwer entfernen lassen, so blanchieren Sie die Bohnenkerne und ziehen dann die Haut ab.

Saure rote Linsen

Zutaten:
rote Linsen
Gemüsefond
Butter
Kalbskopf gepreßt in Würfel geschnitten
Salz
Balsamicoessig

Zubereitung:
Die Linsen in Wasser ca. ½ h einweichen, dann im Salzwasser kurz blanchieren. Abschütten und im Gemüsefond köcheln. Mit kalter Butter und Kalbskopfwürfeln binden; würzen mit Salz und Estragonessig.

Geschmortes Weißkraut

Zutaten:
1 Kopf Weißkraut, geviertelt und vom Strunk befreit
Entenschmalz
weißer Essig
Würfelzucker
Kümmel
Salz, Majoran, Muskatnuß, Wasser

Zubereitung:
Die Weißkrautblätter in ca. 5 cm Stücke reißen oder schneiden. Im Entenschmalz im Backrohr bei ca. 200°C mit den Gewürzen, bei öfterem Umrühren, leicht anbräunen lassen. Einige Stück Würfelzucker dazugeben und leicht karamelisieren; mit einigen Spritzern Essig kurz ablöschen und mit etwas Wasser angießen, sodaß das Kraut weich schmoren kann.

Kalbskopf gekocht

Zutaten:
½ Kalbskopf, vom Metzger küchenfertig vorbereitet
15 weiße Pfefferkörner
1 Lorbeerblatt
1 Knoblauchzehe
1 Zwiebel grob geschnitten
1 Stange Staudensellerie

Zubereitung:
Den gewässerten Kalbskopf in kaltem Wasser aufsetzen, aufkochen und köcheln bis die Maske richtig weich ist. Etwa eine halbe Stunde vor Ende der Kochzeit die Zwiebel und den Stangensellerie dazugeben. Den Kalbskopf herausnehmen und den Fond passieren.

Kalbskopf gepreßt

Zutaten:
½ Kalbskopf, vom Metzger küchenfertig vorbereitet

Zubereitung:
Das Backenfleisch auslösen und kalt stellen. Die Gallertstücke, die sogenannte Maske in eine Form pressen und kühl stellen. Mit Hilfe der Aufschnittmaschine schneidet man am einfachsten die dünnen Scheiben.

Pökellake

Zutaten für 1 Kalbsstelze oder 2 Zungen:
2 Zwiebeln
2 Stangen Staudensellerie
1 Knoblauchzehe
15 Pfefferkörner
10 Wacholderbeeren
2 Lorbeerblätter
1 Thymianzweig
Pökelsalz
1 rohes Hühnerei

Zubereitung:
Die Stelze oder die Zungen mit den Gewürzen und den Gemüsen in einen Topf geben und mit Wasser bedecken, sodaß man weiß, wieviel Wasser man benötigt. Stelze oder Zungen herausnehmen und das Wasser mit den Gewürzen leicht erhitzen, das rohe Ei hineinlegen und so viel Pökelsalz einrühren, bis sich das Ei vom Boden hebt. Das Ei herausnehmen und den Pökelfond aufkochen, auskühlen lassen und die Stelze oder Zungen hineinlegen, abgedeckt im Kühlschrank 4 bis 5 Tage pökeln.
Die Stelze oder die Zungen mit den Gemüsen aus der Pökellake nehmen. Mit frischem Wasser bedecken, nicht salzen und weich kochen. Den Fond aufbewahren.

Gebackene Kalbsstelze

Zutaten:
1 gepökelte, gekochte Kalbsstelze
Für die Panier:
2 Eier aufgeschlagen mit einem Spritzer Zitronensaft gewürzt
griffiges Mehl, Semmelbrösel
500 g Butterschmalz zum Backen
Salz, Cayennepfeffer und Zitronensaft

Zubereitung:
Die Stelze zerteilen und in mundgerechte Stücke schneiden. Mit Salz, Cayennepfeffer und Zitronensaft marinieren. Panieren: Melieren, durch die Eier ziehen, in den Bröseln wenden und nicht andrücken. In heißem Butterschmalz goldgelb backen.

Szegediner Kraut mit Spanferkel

Zutaten:
Schweineschmalz
⅓ weiße Zwieberln
⅔ Sauerkraut
etwas Paradeisermark,
Paprikapulver edelsüß,
Gemüsefond, etwas Bier,
Knoblauch geschält und mit Salz fein zerdrückt, ungespritzte Zitronenzeste, Majoran getrocknet, Lorbeerblatt,
Kümmel, Salz, Maizena

Zubereitung:
Die in feine Streifen geschnittenen Zwieberln im Schweineschmalz in einer Kasserolle andünsten. Etwas Paradeisermark zugeben, paprizieren und kurz glasig rösten. Mit wenig Bier ablöschen und vom Feuer nehmen. Das gewaschene Sauerkraut dazugeben und würzen. Bedecken Sie alles knapp mit Gemüsefond und rühren Sie gut um. Setzen Sie das an der Schwarte eingeschnittene Spanferkelkarree, gewürzt mit Salz, Pfeffer und Kümmel, auf das Kraut. Jetzt stellen Sie die Kasserolle auf ein Gitter. Schieben Sie die Kasserolle mit Deckel zugedeckt vorerst für 1½ Stunden ins Backrohr (Unterhitze 160°C, Oberhitze 200°C). Nehmen Sie den Deckel ab und begießen Sie mit dem eigenen „Paprikasaft" den Braten und schieben ihn wieder ins Rohr, bis der Braten an der Schwarte goldbraun und knusprig wird.

Sobald der Spanferkelbraten weich ist, nehmen Sie ihn heraus und stellen ihn warm. Zuletzt binden Sie das saftige Szegediner Kraut mit etwas Maizena.

Tip:
Während des Garens im Backrohr sollten Sie darauf achten, daß genügend Flüssigkeit im Kraut ist und die Temperatur nicht zu heiß. Gegebenenfalls gießen Sie mit etwas Gemüsefond auf.

Gedämpfte Lammschulter

Zutaten:
1 Lammschulter am Knochen
1 kl. Zwiebel
1 Lorbeerblatt
1 Knoblauchzehe
10 weiße Pfefferkörner
2 l Lammfond
1 Strauß Thymian

Zubereitung:
Die Lammschulter mit dem Fond, den Gemüsen und den Gewürzen in einen Schmortopf geben und zugedeckt ca. 2 h weich dämpfen.

Schulterspitz geschmort

Zutaten:
1 Schulterspitz
0,5 l Rotwein
1 l Gemüsefond
2 Lorbeerblätter
1 Zwiebel
2 Stangen Staudensellerie
1 Strauß Thymian
15 weiße Pfefferkörner
1 Knoblauchzehe

Zubereitung:
Den Schulterspitz mit den Gewürzen, Rotwein und dem Gemüsefond in einen Schmortopf geben und im vorgeheizten Backofen bei 260°C ca. 1 h und dann bei 180°C noch ca. 2 h schmoren bis er ganz weich ist.
Zur letzten Stunde geben Sie auch das Gemüse dazu.
Das Fleisch aus dem Schmorfond nehmen und abgedeckt an einen warmen Ort stellen.
Den Schmorfond passieren und leicht einköcheln.

Rehragout

Zutaten:
1 Rehschulter
0,5 l Rotwein
1 l Wildfond oder Gemüsefond
2 kleine Zwiebel
2 Stangen Staudensellerie
2 Petersilienwurzel
10 Wacholderbeeren
1 EL weiße Pfefferkörner
2 Lorbeerblätter
1 Stk. geräucherter Speck

Zubereitung:
Die Rehschulter am Knochen mit dem Rotwein und Gemüse- oder Wildfond bedecken, die Gewürze und die Gemüse hinzugeben und zugedeckt im Ofen langsam weich schmoren. Die Rehschulter aus dem Fond nehmen und auslösen, in Ragout-Stücke schneiden und abgedeckt warm stellen.
Für die Sauce den Fond passieren und leicht einköcheln, salzen und mit 1 EL Mehlbutter binden.Das Ragoutfleisch mit den Garniturgemüsen und dem Speck in die bereits leicht gebundene Soße geben, köcheln und beliebig würzen.Das heißt: mit Preiselbeersaft, Pfeffer, evtl. einer Prise Zimt bzw. ein paar Spänen Schokolade, einem Spritzer Rotweinessig, einem Spritzer Gin, einem Spritzer Grand Marnier.
Braune Mehlbutter: 1 EL Mehl und 2 EL Butter langsam hellbraun rösten.

Garnitur für Rehragout

Zutaten:
10 Schalotten
2 Stangen Staudensellerie
50 g blanchierter Hamburgerspeck (in Streifen geschnitten)
1 Petersilienwurzel
20 g Butter

Zubereitung:
Die Gemüse schälen und in Stücke schneiden, mit dem blanchierten Speck langsam in Butter weich brateln.

Topfenknödel* für 4 Personen

Zutaten:
4 Eidotter
4 gestrichene EL Kristallzucker
50 g Butter
700 g ausgedrückten Topfen
150 g kleinwürfelig geschnittener altbackener Brioche
1 Prise Salz
1 abgeriebene Zitronenschale

Zubereitung:
Eier, Zucker und Butter schaumig rühren, den Topfen dazugeben sowie die Briochewürferln und die Gewürze. Gut vermengen. Diese Masse zumindest 2 h zugedeckt im Kühlschrank ziehen lassen. Die Knödel formen und im siedenden, leicht gesalzenen Wasser 8 min. ziehen lassen.

***Topfen**, der (österr.): Quark

Topfenpalatschinken für 4 Personen

Zutaten: für 12 Palatschinken
Palatschinkenteig:
¼ l Milch
125 g Mehl glatt
1 Ei
1 Dotter
Prise Salz
Butterschmalz zum Backen der Palatschinke

Zutaten für die Fülle:
60 g Butter
100 g Staubzucker
½ Vanilleschote, der Länge nach halbiert, das Mark herausgekratzt
250 g Topfen
2 Eigelb
geriebene Schale einer Zitrone

Zubereitung:
Palatschinkenteig:
Mehl und Milch zuerst glattrühren dann Ei und Dotter dazugeben und verrühren. Dünne Palatschinken in Butterschmalz ausbacken.

Topfenomelett

Zutaten:
350 g Topfen 40% F.i.T.
50 g Sauerrahm
20 g Mehl
20 g Stärkemehl
Saft und Schale von einer Zitrone, 5 Eigelb, 1 Ei
20 g Staubzucker
5 Eiklar
80 g Kristallzucker
1 Prise Salz
1 EL Butterschmalz

Zubereitung:
Topfen mit Sauerrahm, Aromen, Eigelb und dem ganzen Ei zu einer glatten Masse rühren, langsam gesiebtes Mehl und Stärkemehl einmelieren. Eiklar und Zucker zu einem cremigen Eischnee schlagen, dabei Zucker langsam nach und nach beigeben. Nun den Eischnee unter die Grundmasse heben. Butterschmalz in einer Pfanne erhitzen und die Masse eingießen, auf der Herdplatte kurz anstocken lassen. Eventuell Deckel aufsetzen. Den Deckel abnehmen und die Omeletts ins vorgeheizte Rohr geben. Nach ca. 10 min. die Omeletts rausnehmen und mit einer Palette zusammenklappen, mit Staubzucker bestreuen und servieren.

Schokoladencreme braun

Zutaten:
50 g Staubzucker
80 g Couverture zartbitter
2 Dotter
200 g geschlagenes Obers

Zubereitung:
Eigelb und Staubzucker über dem Wasserbad warm aufschlagen und dann kalt schlagen. Die leicht erwärmte Couverture dazugeben und verrühren. Zuletzt das geschlagene Obers darunterheben.

Schokoladencreme weiß

Zutaten:
1 Dotter
1 Ei
200 g Couverture weiß
2 cl Baccardi
2 cl Amaretto
300 g geschlagenes Obers

Zubereitung:
Ei und Eigelb über dem Wasserbad aufschlagen und dann kalt schlagen.
Die leicht erwärmte weiße Couverture und Spirituosen dazugeben und verrühren.
Zuletzt das geschlagene Obers darunterheben.

Savarin für 14 kleine Savarinformen

Zutaten:
125 g glattes Mehl
60 g Butter
10 g Germ, 3 cl Milch zum Auflösen der Germ
3 Eier
15 g Kristallzucker
40 g Butter zum Ausbuttern der Formen

Zubereitung:
Germ in der lauwarmen Milch auflösen, danach alle Zutaten, außer dem Kristallzucker, zusammenrühren und in die bebutterten – mit Kristallzucker ausgestreuten – Savarinformen in einen Spritzsack füllen und 10 min. zugedeckt auf einem Tablett an einem warmen Ort gehen lassen.
Anschließend bei 220°C 6 min. backen.
Danach sofort in der Form tränken.

Gemüsesavarin:
Verwenden Sie hierbei zum Ausstreuen der Formen statt Kristallzucker Semmelbrösel.

Grießflammeri

Zutaten:
250 g Milch
50 g Kristallzucker
40 g Grieß
250 g Obers
2 Blatt Gelatine

Zubereitung:
Milch, Zucker und Grieß 10 min. bei stetem Rühren köcheln. Die in Wasser eingeweichte Blattgelatine dazugeben und einrühren. Vom Feuer nehmen und kühl stellen.
Kurz bevor die Grießflammeri stockt, das geschlagene Obers einrühren. Als geschmackliche Verfeinerung eignen sich einige Tropfen Zitronensaft sowie etwas Zimt.

Blätterteig

Zutaten für den Vorteig:
250 g Mehl glatt
Prise Salz
25 g weiche Butter
1 Eidotter
100 g Wasser
1 EL Rum

Zutaten für Butterziegel:
250 g Butter
25 g Mehl griffig

Zubereitung:
Vorteig zu einem glatten Teig verarbeiten, kreuzweise einschneiden und mit Klarsichtfolie bedeckt ca. 1 h im Kühlschrank ruhen lassen. Den Butterziegel verkneten und ebenfalls kalt stellen.

Für die einfache Tour:
Den Vorteig 4-lagig so ausrollen, daß in der Mitte eine Erhöhung bleibt. Den Butterziegel darauflegen und die Teiglappen darüberschlagen. Jetzt den Teig 1,5 cm dick ausrollen und 3-teilig zusammenlegen. Diesen Teig eine Stunde im Kühlschrank ruhen lassen.

Für die doppelte Tour:
Den Teig aus dem Kühlschrank nehmen, ca. ½ cm dick ausrollen und vierteilig zusammenlegen. Diesen wiederum ca. 1 h ruhen lassen.

Diese beiden Touren, die einfache wie die doppelte, je einmal wiederholen.
Somit haben Sie einen fertigen Blätterteig, den Sie nach Belieben verarbeiten können.
In Streifen geschnitten, gut verpackt, eignet er sich hervorragend auch zum Einfrieren, sodaß Sie immer genügend Vorrat haben.

Hollerkoch*, Hollersauce, Schwarzbeersauce

Zutaten:
1 l gerebelte Hollerbeeren bzw. Schwarzbeeren
½ l Gelierzucker
etwas Zitronensaft
1 kleines Stück Zimtstange
½ Vanilleschote

Zubereitung:
Die Beeren mit dem Zucker und den Gewürzen einmal aufkochen, umrühren und 4 min. köcheln lassen, dann kalt stellen.
Für die Holler- bzw. Schwarzbeersauce: Die Beeren werden vor dem Kaltstellen passiert.

*__Holler__, der; (südd., österr.): Holunder.

Honigobers*

Zutaten:
¼ l Schlagobers
1 gestrichener Eßlöffel Honig (Blüten-, Wald- oder Kastanienhonig)

Zubereitung:
Schlagobers nicht zu steif schlagen, den flüssigen Honig nach und nach darunterziehen und kalt stellen.

*__Obers, Schlagobers__, das; [eigentl.: das Obere (der Milch), das oben (auf der Milch) Befindliche]. (bayr., österr.): Sahne, Rahm.

Vanillesauce

Zutaten:
½ l flüssiges Obers
6 Eidotter
4 gehäufte EL Kristallzucker
1 Vanillestange
1 Prise Salz

Zubereitung:
Das flüssige Obers mit der halbierten Vanillestange aufkochen. Zucker und Eigelb in einem Schneekessel verrühren. Das aufgekochte Obers mit den Vanillestangen zum Zucker-Ei-Gemisch gießen und mit dem Schneebesen verrühren. Das ganze wieder in den Topf zurückgießen und bei stetem Umrühren mit dem Kochlöffel auf der nicht zu heißen Flamme solange erwärmen, bis die Bindung entsteht (d.i.: „zur Rose abziehen"). Dies geschieht kurz vor dem Siedepunkt. Wichtig ist: Diese Vanillesauce darf nicht zum Kochen kommen.
Durch ein Spitzsieb passieren. Von den Vanillestangen das Innere mit einem Kaffeelöffel auskratzen und dies in die jetzt fertige Vanillesauce einrühren.

Mein Tip: Zur Geschmackszugabe eignet sich bestens ein Schuß 80%iger Rum.

Vanilleeis

Zutaten:
0,25 l Schlagobers
0,25 l Milch
4 Eigelb
30 g Kristallzucker
2 Vaniellestangen

Zubereitung:
Schlagobers, Milch und die halbierten und ausgekratzten Vanilleschoten etwa eine viertel Stunde köcheln lassen. Kristallzucker und Eigelb schaumig schlagen. Beides vermischen und zur Rose abziehen (vgl.: Vanillesauce). In einer Sorbetmaschine oder im Tiefkühler unter ständigem Rühren gefrieren.

Minzeis

Zutaten:
0,25 l Schlagobers
0,25 l Milch
4 Eigelb
30 g Kristallzucker
1 kleiner Bund Minze
2 cl Minzlikör

Zubereitung:
Schlagobers, Milch und gewaschene Minze zusammen etwa einen Tag im Kühlschrank stehen lassen. Aufkochen, abseihen und mit dem schaumig geschlagenen Eigelb und dem Kristallzucker zur Rose abziehen (vgl.: Vanillesauce).
Minzlikör beigeben und in einer Sorbetmaschine oder Tiefkühler unter ständigem Rühren gefrieren.

Birnensorbet

Zutaten:
500 g reifes Birnenfruchtfleisch, gemixt und passiert
125 g Staubzucker
Saft einer halben Zitrone

Zubereitung:
Alles in einer Sorbetière gefrieren.

Schwarzbeersorbet

Zutaten:
250 g Schwarzbeeren
⅛ l Läuterzucker im Verhältnis 1 : 1

Zubereitung:
Die Schwarzbeeren und den Läuterzucker vermischen und im Mixer fein pürieren. Durch ein feines Sieb abseihen und in der Sorbetière gefrieren.

Ovomaltinebiskuit

Zutaten:
3 Eigelb
20 g Kristallzucker
40 g Ovomaltine
60 g Mehl griffig
3 Eiklar
Marillenmarmelade

Zubereitung:
Die Eigelb mit dem Zucker und der Ovomaltine über Dampf aufschlagen. Die Masse wieder kalt schlagen und das aufgeschlagene Eiweiß unterziehen. Das Mehl mit einem Sieb einmelieren und unter die Masse ziehen.
Die Ovomaltinemasse auf einem mit Backpapier belegten Blech dünn aufstreichen und in das auf 200°C vorgeheizte Rohr geben.
Nach etwa 10 min. den Biskuit auf ein mit Staubzucker bestäubtes Tuch stürzen, mit der Marillenmarmelade bestreichen und zu einer Roulade rollen.

Ovomaltinecreme

Zutaten:
40 g Ovomaltine
4 Eigelb
50 g weiße Schokolade
2 Bl Gelatine
¼ l Schlagobers
Rum

Zubereitung:
Über einem Wasserbad die weiße Schokolade langsam schmelzen. Die Ovomaltine mit den Eigelb schaumig schlagen und die weiße Schokolade unterrühren.
Die Gelatine 5 min. in kaltem Wasser einweichen, ausdrücken und in heißem Rum auflösen.
Rum mit der aufgelösten Gelatine vorsichtig in die Ovomaltinemasse einrühren und das aufgeschlagene Obers unterheben.
Die Masse in mit kaltem Wasser ausgespülte Portionstimbale füllen und kalt stellen.

Blutorangentorte

Mürbteigboden
Zutaten:
200 g Mehl
100 Butter
70 g Staubzucker
1 Eigelb
1 EL Milch

Zubereitung:
Alle Zutaten zu einem glatten Teig kneten und etwa eine Stunde rasten lassen. Danach 3 mm dick ausrollen, einen Kreis in der Größe der zu verwendenden Tortenform ausstechen und im Rohr bei 200°C ca. 10 min. blind backen.

Marzipancreme

Zutaten:
2 Eigelb
100 g Rohmarzipan
50 g Staubzucker
200 g Schlagobers
2 cl. Amaretto
2 Bl. Gelatine

Zubereitung:
Marzipan, Staubzucker und Eigelb über Dampf cremig schlagen und in die in kaltem Wasser eingeweichte Gelatine in heißem Amaretto auflösen und unter die Marzipanmasse rühren.
Das Schlagobers aufschlagen und unter die leicht angekühlte Marzipanmasse heben. Kühl stellen.

Blutorangencreme

Zutaten:
4 Stk. Blutorangen
3 Bl. Gelatine
4 Eiklar
20 g Zucker

Zubereitung:
Den Blutorangensaft aufkochen und um 1/3 reduzieren. Die Gelatine in kaltem Wasser einweichen und im fertig reduzierten Blutorangensaft auflösen.
Das Eiklar aufschlagen, den Zucker langsam beigeben und fertigschlagen. Dieses nun unter die angekühlte Masse heben und im Kühlschrank 3 h kühl stellen.

Löffelbiskuit

Zutaten:
5 Eigelb
60 g Staubzucker
5 Eiklar
60 g Kristallzucker
120 g Mehl griffig

Zubereitung:
Die Eigelb mit dem Staubzucker über einem Wasserbad warm-kalt schlagen. Das Eiweiß mit dem Kristallzucker zu einem festen Schnee aufschlagen und unter die Dottermasse heben. Das Mehl vorsichtig einmelieren. Die Löffelbiskuitmasse mittels Spritzsack auf ein gebuttertes und einmeliertes Blech in etwa 3 cm große Biskotten aufdressieren.
Im Rohr bei ca. 160°C Grad 15-20 min. backen.

Ribisel-Brombeer-spiegel*

Zutaten:
250 g vollreife, rote Ribisel und schwarze Brombeeren gemischt
⅛ l Moscato d'Asti
⅛ l Läuterzucker im Verhältnis 1 : 1

Zubereitung:
Alle Zutaten im Mixer fein pürieren und durch ein feines Spitzsieb pürieren.

*__Ribisl__, die (österr.): Johannisbeere

Baisermasse

Zutaten:
5 Eiklar
125 g Kristallzucker
125 g Staubzucker

Zubereitung:
Das Eiweiß mit dem Kristallzucker zu einem festen Schnee schlagen und den Staubzucker leicht einrühren. Mit einem Spritzsack auf ein gebuttertes Blech dressieren und im Rohr bei 80°C ca. 3 h trocknen lassen.

Hippenblätter

Zutaten:
60 g Staubzucker
60 g Mehl
50 g Eiklar
30 g flüssige Butter

Zubereitung:
Alle Zutaten mit einem Kochlöffel zu einem glatten Teig verarbeiten und etwa 20 min. ruhen lassen. Den Teig auf ein gut bebuttertes Blech dünn aufstreichen und im Rohr bei 200°C ca. 8-10 min. backen.
Im noch heißen Zustand über ein Glas stülpen und erkalten lassen.

Nußkuchen für Nußschmarrn

Zutaten:
200 g Butter
120 g Staubzucker
16 Eigelb, 16 Eiweiß
120 g Kristallzucker
180 g griffiges Mehl
100 g feingehackte Walnüsse
40 g feingehackte Haselnüsse
Butter und Mehl für die Formen

Zubereitung:
Aus der Butter, dem Staubzucker und dem Eigelb einen Abtrieb herstellen. Das Eiweiß mit dem Kristallzucker aufschlagen und unter den Abtrieb mischen. Das Mehl und die Nüsse langsam einmelieren und in ausgebutterte und einmelierte Gugelhupfformen od. Rehrückenformen füllen und im vorgeheizten Rohr bei ca. 200°C etwa 20-25 min. backen.

Masse für Nußschmarrn

Zutaten:
120 g Nußkuchen
2 Eidotter
2 Eiweiß
30 g geriebene Walnüsse
1 EL flüssiges Obers
1 TL Rum (80%ig)
1 TL Zimt
1 EL Kristallzucker

Zubereitung:
Den fertigen Nußkuchen in große Stücke zerteilen. Alle Zutaten, außer Eiweiß, dazugeben und leicht vermengen. Diese Masse 2 h zugedeckt kühl stellen.

Eingelegte Zibeberln*

Zutaten:
1 kg Zibeberln
0,5 kg Kristallzucker
¼ l Weißwein
2 Zimtstangen
4 Gewürznelken
Zesten** einer halben Zitrone

Zubereitung:
Alle Zutaten zusammenmischen und 24 h im Kühlschrank ziehen lassen. Danach die Zibeberln einmal gut aufkochen und noch heiß in Einmachgläser füllen und mit heißem Rum, der angezündet wird, verschließen.

Weinbeerenkompott

Zutaten:
1 Tasse weiße, kernlose, ungeschälte, gut gewaschene Weinbeeren
½ Tasse eingelegte Zibeberln
Prise Zimt, 2 Nelken
1 TL 80%igen Rum
⅛ l Beerenauslese
1 Spritzer Sekt

Zubereitung:
Beerenauslese mit einem Spritzer Sekt, Zimt, Nelken und Rum einmal aufkochen. Die Zibeberln hineinlegen und, wenn das Ganze erkaltet ist, die Weinbeeren dazugeben.

Apfelgelee

Zutaten:
0,2 l frisch gepreßter oder naturtrüber Apfelsaft
50 g Gelierzucker
1 Bl. Gelatine

Zubereitung:
Den Apfelsaft mit dem Gelierzucker aufkochen, die eingeweichte, ausgedrückte Gelatine zugeben und kalt stellen.

Asti-spumante-Gelee

Zutaten:
¼ l Moscato d'Asti
3 Bl Gelatine

Zubereitung:
Die Gelatine in kaltem Wasser ca. 5 min. einweichen.
Etwa ein Drittel des Asti erhitzen, die Gelatine darin auflösen und den restlichen Asti unterrühren, kühl stellen. Es dauert ca. 2 h, bis er fest ist.

*__Zibebe__, die (österr.): getrocknete Weintraube
**__Zesten__, die (österr.): (fein geschnittene) Schale einer Zitrone

Kalt gerührte Preiselbeeren

Zutaten:
500 g Preiselbeeren
250 g Kristallzucker

Zubereitung:
Die gesäuberten Preiselbeeren mit dem Zucker vermengen und in der Rührmaschine mit dem Knethaken bei kleinster Stufe rühren, bis sich der Zucker restlos aufgelöst hat. Die Preiselbeeren in ein Einmachglas geben und mit brennendem Rum verschließen.

Zwetschkenröster

Zutaten:
⅛ l Wasser
200 g Zucker
1 kg entkernte Zwetschken
1 Zimtstange
4 Gewürznelken
Zesten von 1 Zitrone

Zubereitung:
Das Wasser mit dem Zucker, der Zimtstange und den Nelken aufkochen lassen. Die entkernten und halbierten Zwetschken in den Sud geben, die Zesten beigeben und das ganze bei kleiner Hitze einmal aufkochen lassen. Danach den Röster vom Feuer nehmen und auskühlen lassen.

Läuterzucker

Zutaten:
Wasser und Kristallzucker im Verhältnis 1:1

Zubereitung:
Einmal aufkochen lassen und abkühlen.

Stichwortverzeichnis

fugenlos ...

Das Grundprinzip der feinen Küche sei – so behauptete Johann G. Hesekiel bereits 1870 – Einfachheit. Von welcher Seite aus man auch immer Jörg Wörthers Arbeit beurteilen mag, es scheint, als würde dieses Prinzip auch eine der tragenden Maximen für seine Kochkunst und seinen Erfolg darstellen: Einfachheit, Kompromißlosigkeit, Klarheit. Dahinter steckt allerdings sehr viel Struktur, exakt durchdachte Planung und eine perfekte Küchenarchitektur, die es ermöglicht, die Gerichte auf den Punkt genau zuzubereiten. Dahinter steckt eine „Carat Royal", eine Küche der Sonderklasse von Lohberger; eine Küche, die sich durch Detailtreue, höchstem technischen Standard und allerbeste Verarbeitung auszeichnet; eine Küche also, die sich den Bedürfnissen des Meisterkochs jederzeit anpaßt – fugenlos sozusagen.

... beweglich

Geistige Beweglichkeit ist eine wesentliche Voraussetzung für Kreativität. Daß Jörg Wörther in dieser Hinsicht beweglich ist, beweisen seine außerordentlichen Gerichte. Wen würde es da wundern, wenn der Meisterkoch nicht auch besondere Ansprüche im Hinblick auf seine physische Beweglichkeit stellt. So wie das Kochen ist für ihn auch das Autofahren nicht allein Mittel zum Zweck. Einfachheit und Kompromißlosigkeit scheinen auch hier für ihn Quelle der Inspiration zu sein. Im Porsche Boxster findet er das auf die beste Weise vereint: höchste technische Perfektion, Liebe zum Detail und ein hoher ästhetischer Anspruch zeichnen dieses Auto aus und machen es unverwechselbar. Das alles scheint Jörg Wörther zu bewegen und trägt dazu bei, daß er bleibt was er ist – beweglich eben.